USHI
MODOKI
スシモドキ

iina

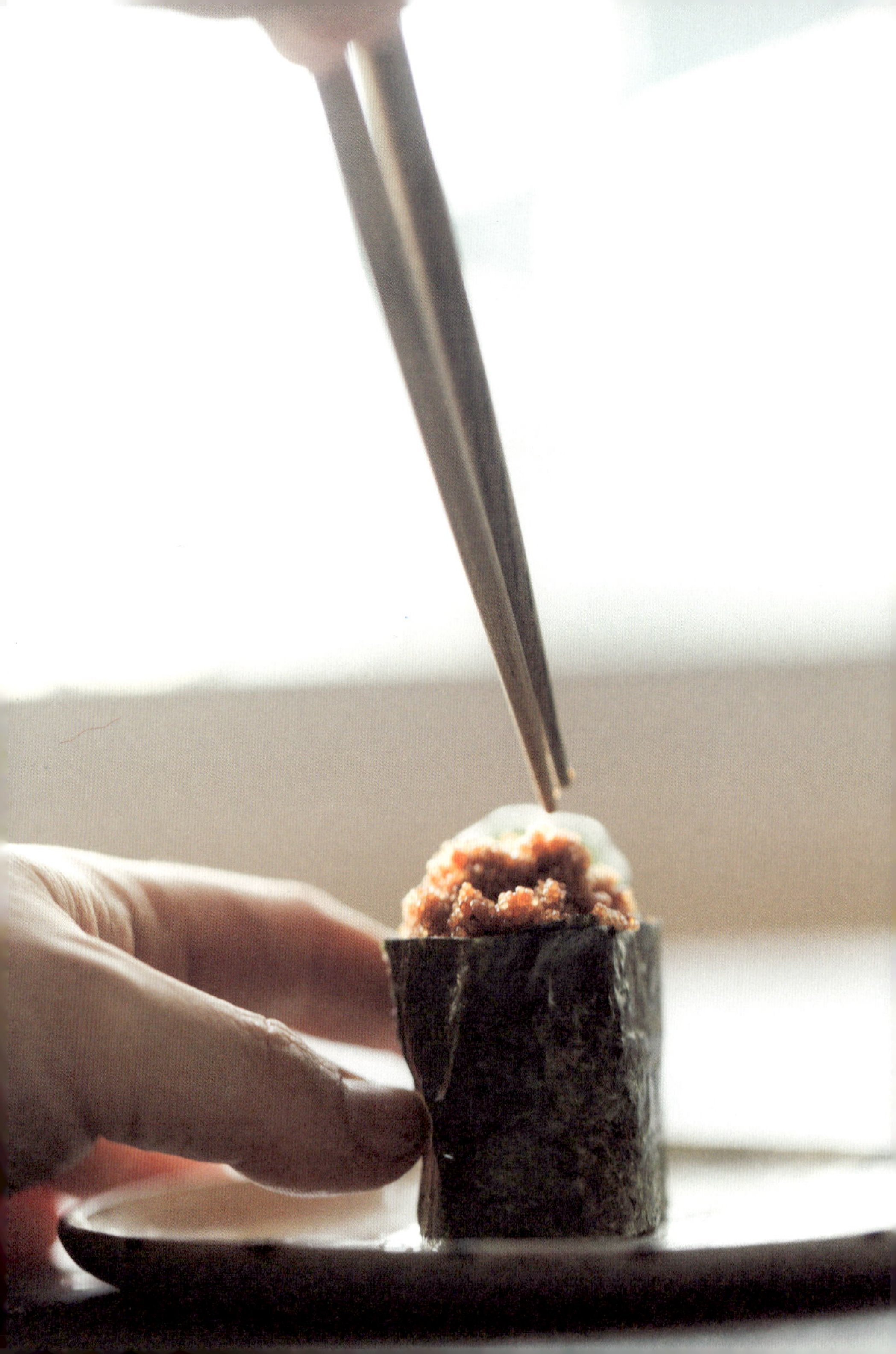

# 「SUSHI MODOKI」へ
# ようこそ

日本を代表するアイコン"お寿司"。
昔からおめでたい日や
ハレの日に、お寿司を楽しんできました。
握りだけじゃなく、ちらしや押し寿司、
おいなりさんなど、表情を変えて
いつも、私たち日本人の食生活に
寄り添っています。

この本はすべてのレシピが、
畑から生まれた野菜のお寿司です。
ほんのひと工夫で、色、味、食感、
本物に限りなく近づくように
人気の寿司ネタに変身させてみました！

野菜が大好きなヴィーガンの方も
普通のお寿司が大好きな方も
アレルギーのある方も
生魚が苦手な方も、
みんな一緒に楽しめます。

私のアイデアを皆様に
喜んでいただけたら嬉しいです。
きっと、作った本人も食べた人も
びっくりすると思います！

iina

# CONTENTS

- 3 「SUSHI MODOKI」へようこそ
- 10 〈材料のこと〉
- 10 〈道具のこと〉
- 13 〈酢飯の作り方〉

## NIGIRI

- 16 〈握り方〉
- 19 漬けまぐろMODOKI
- 19 中とろMODOKI
- 19 まぐろMODOKI
- 22 サーモンMODOKI
- 23 ほたてMODOKI
- 23 あわびMODOKI
- 25 いかMODOKI
- 27 穴子MODOKI
- 29 玉子MODOKI
- 32 白子MODOKI
- 33 ねぎとろMODOKI
- 33 とろたくMODOKI
- 35 うにMODOKI
- 35 とびこMODOKI
- 37 いか納豆MODOKI
- 37 いかオクラMODOKI
- 39 ツナコーンMODOKI
- 39 海鮮サラダMODOKI

## ROLL

- 42 〈巻き方〉
- 46 ピンクロール
- 47 レインボーロール
- 49 キンパMODOKI
- 51 かき揚げロール
- 51 海老天ロールMODOKI
- 53 カリフラワーロール
- 55 アルファルファロール
- 58 手綱ロール
- 59 市松ロール
- 64 手巻きパーティー

## CHIRASHI

- 70 五目ちらしMODOKI
- 73 グリーンちらし
- 76 海鮮ちらしMODOKI
- 77 サラダちらし

## INARI

- 80 〈油揚げの煮方&開き方〉
- 81 〈酢飯の詰め方〉
- 84 しそひじきいなり
- 85 ガリごまいなり
- 87 オープンいなり
- 89 ベジいなり

## CAKE

- 92 バッテラMODOKI
- 95 穴きゅうMODOKI
- 98 デコレーションケーキMODOKI
- 99 カレー&バジル

## SOUP

- 101 　精進おすまし
- 101 　トマトの赤出汁
- 101 　きのこの白出汁
- 103 　海と畑の味噌汁
- 103 　焼きアラ汁MODOKI

## PICKLES

- 106 　紅白ガリ
- 107 　たくあん
- 107 　きゅうりのきゅーさん
- 107 　しば漬け
- 109 　早漬けわさびなす

## BEVERAGES

- 111 　ジンジャーオレンジ緑茶
- 111 　グリーンスカッシュ
- 111 　甘酒抹茶ラテ

---

### この本の使い方

- 小さじ1は5㎖、大さじ1は15㎖、1合は180㎖です。
- ごく少量の調味料の分量は「少々」または「ひとつまみ」としています。「少々」は親指と人差し指でつまんだ分量で、「ひとつまみ」は親指と人差し指と中指の3本でつまんだ分量になります。
- 「適量」はちょうどよい分量、「適宜」は好みで入れなくてもよいということです。
- オーブンレンジは機種によって加熱時間が異なります。表記している時間を目安にして、様子を見ながら加減してください。

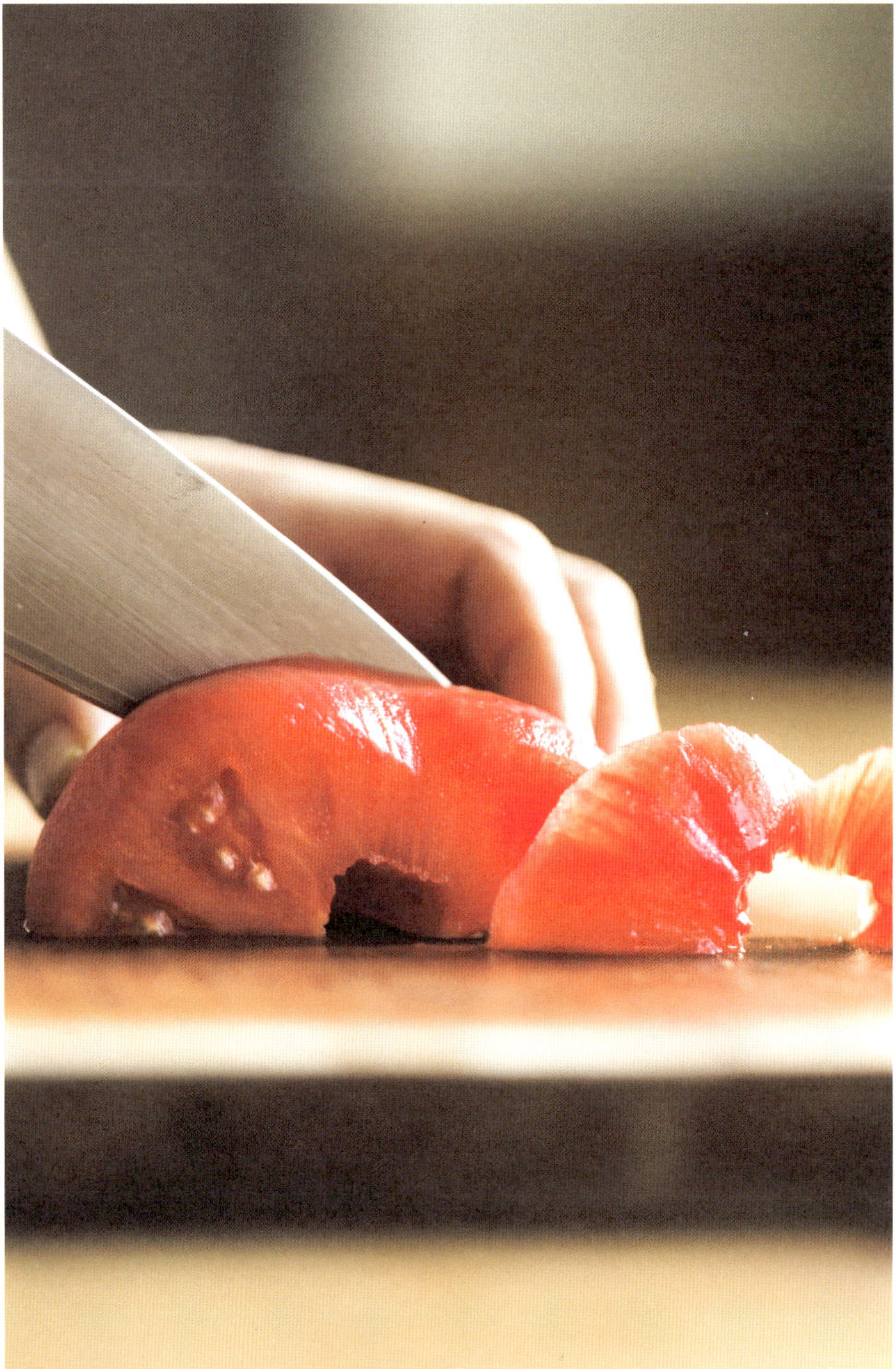

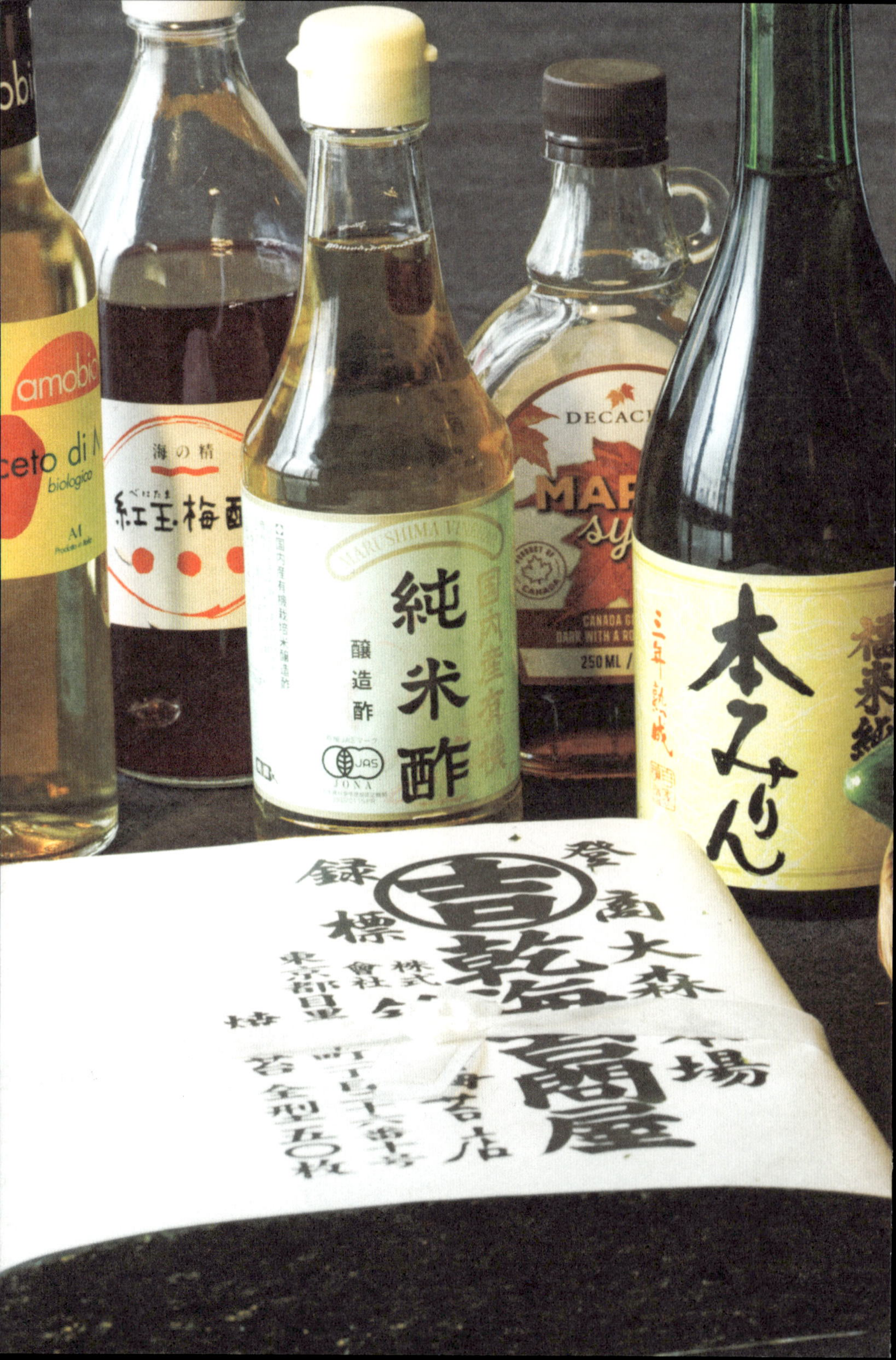
amobio
biologica
海の精
純米酢
醸造酢
JAS
JONA
250 ML
本みりん
標

奥出雲仁多
丸大豆しょうゆ
Non-GMO Seeds
Nature's Way
EfaGold
Flax Oil
国産なた

## 〈材料のこと〉

お寿司のネタはすべて野菜で作られています。
調味料などは、ナチュラルな製法で作られたものを使います。

野菜 ─ この本の材料のメインです。魚と同じように新鮮で生きのよいものを選んでください。皮をむく、水にさらす、アクを取るなどの指示がないものはそのまま調理し、なるべく丸ごといただきます。

のり ─ 手に入りやすい全型の板のり（縦21×横19cm）を基本として記載しています。国産の風味のよいものを選んでください。湿気ている場合は火で軽く炙ってから使用しましょう。

調味料 ─ できるだけ無添加、自然醸造のものを選びます。塩も精製されていない自然の海塩を使用しています。甘みをつけるためには、白砂糖でなく、みりん、てんさい糖、メープルシロップを使用しています。

油 ─ 独特の風味のある亜麻仁油を使うことで、海鮮の風味を出しているレシピがたくさんあります。荏胡麻油も似たような風味を持っているのでおすすめです。あまり精製されておらず、風味が残っているものがこのレシピでは理想です。

## 〈道具のこと〉

おうちにあるものをできるだけ使いますが、
巻きすなどは巻き寿司を作るときに必要になります。

しゃもじ ─ 酢飯を切るように混ぜるには、しゃもじがいちばんです。米粒がくっつかないように水に浸しておくとよいでしょう。

うちわ ─ 酢飯を作る際にご飯の熱と水分を飛ばすために使います。風を送りやすい面積の広いものがよさそうです。

巻きす ─ 竹でできたものが理想です。使用後は溝に入った米粒を取るようにタワシで優しく洗い、しっかりと乾かしてから保管してください。

型 ─ 押し寿司の型をわざわざ用意しなくても、ケーキ型やパウンド型で代用できます。型の内側に加工がなく、くっつきやすいものを使う場合はラップを敷き込むと外しやすいでしょう。

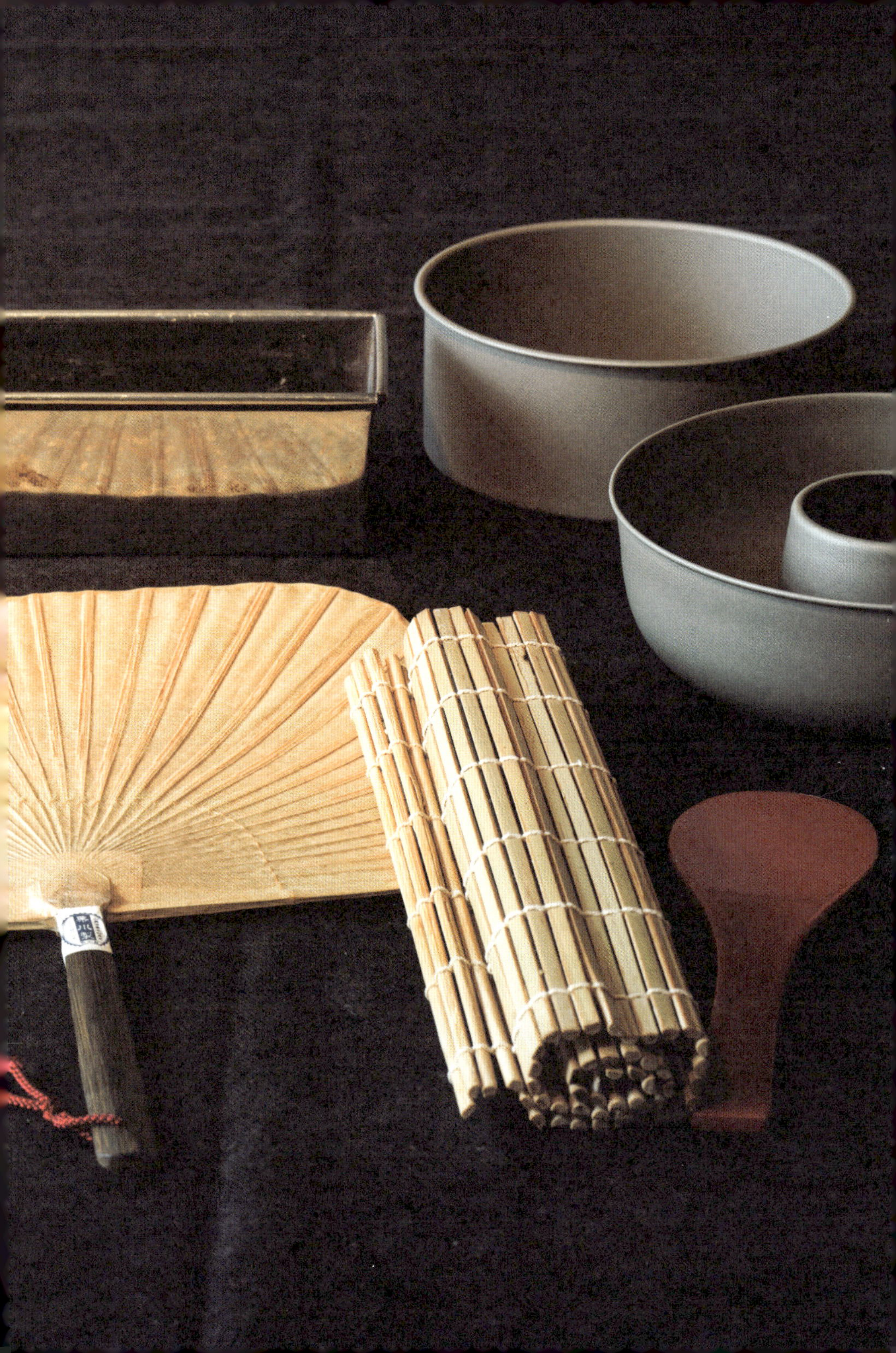

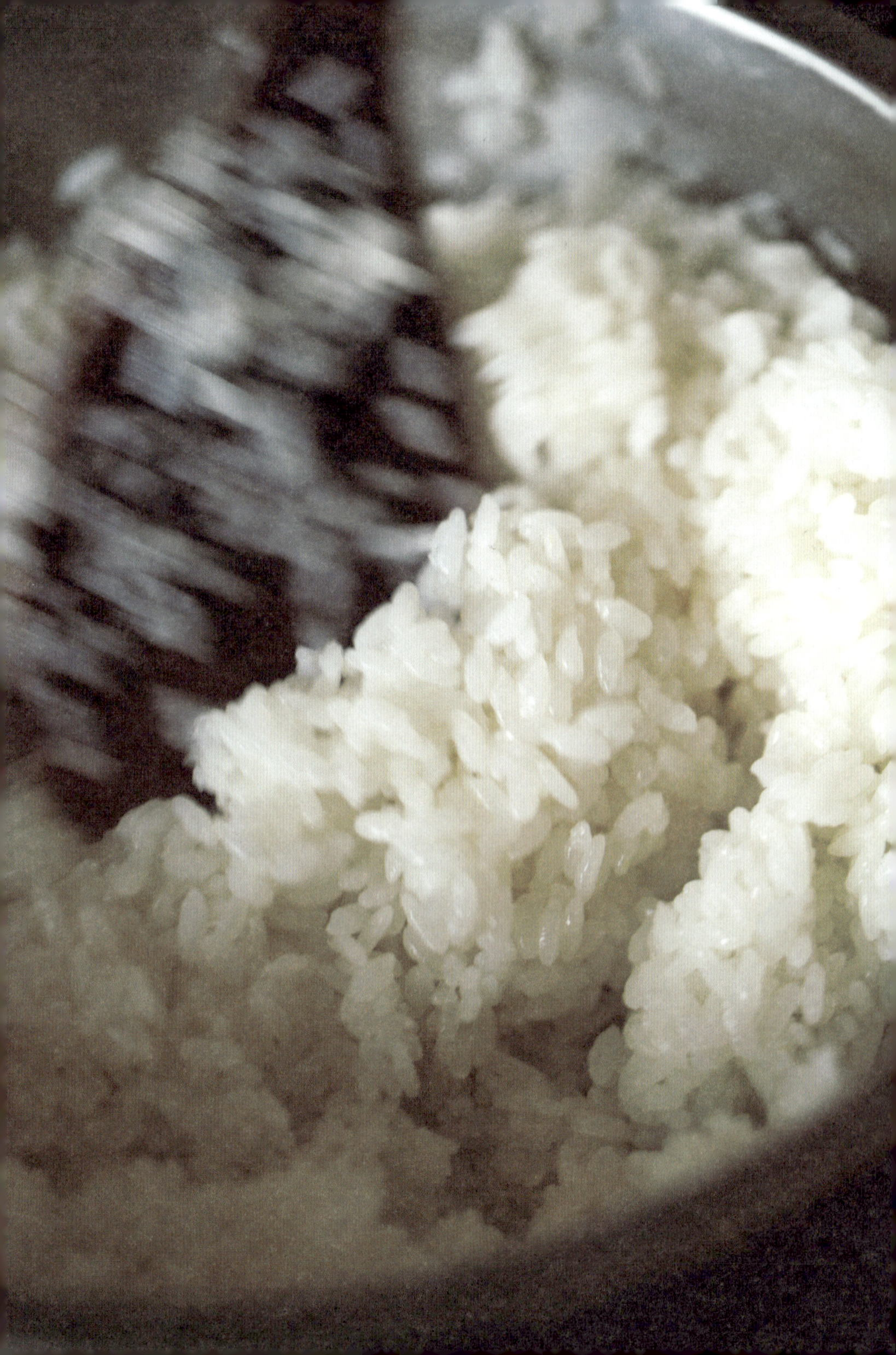

# 〈酢飯の作り方〉

酢飯は炊き立てのご飯で作ります。
寿司酢を混ぜるので、少しかために炊くのがコツです。

## 基本の酢飯

●材料（でき上がり分量・600g）
白米…2合
水…炊飯器の表示通り※
昆布…3cm
寿司酢…50ml（右記参照）

※寿司飯の表示があれば、それに合わせる。
　ない場合は、米と同じ分量を目安にする。

●作り方
1　白米は表面についているぬかや汚れを落とすように、水で優しく洗う。
2　炊飯器の内釜に洗った米を入れて水を注ぎ、昆布を加える。そのまま30分～1時間浸水させる。
3　2を炊飯器にセットし、スイッチを入れて炊く。
4　炊けたらそのまま10～15分蒸らす。
5　炊き上がったご飯をボウルに移し、寿司酢を回しかける。うちわであおぎながら粘り気が出ないようにしゃもじで切るように混ぜ合わせる。
6　ツヤが出て、人肌程度に冷めたら濡らしたさらし布やペーパータオルをかけ、使うまで乾かないように置く。

↓

### 酢飯使用量の目安

握り1貫＝約15g
軍艦1貫＝約15g
巻き寿司1本＝約150g
手巻き寿司1本＝約30g
いなり寿司1個＝約30g

## 寿司酢の作り方

●材料（でき上がり分量・
2合の白米に対して6回分）

りんご酢…180ml
メープルシロップ（ライト）…100ml
塩…大さじ2

●作り方
すべての材料をボウルに入れ、塩が溶けるまでよく混ぜ合わせる。または密閉できる瓶などに入れ、塩が溶けるまでふってもよい。

### お米について

酢飯に使う米は粘り気の多いものではなく、少ないものが向いています。また寿司酢を混ぜるので、通常より水を少なめにしてかために炊きます。

### 酢飯のアレンジ

本書では黒米入り（p.46・p.59・p.89・p.95参照）、キヌア入り（p.58・p.77参照）の酢飯も使います。その場合は白米2合を量り、大さじ2の白米を抜いて、代わりに黒米やキヌアを大さじ2加えてください。水加減、浸水時間、炊き方は白米と同様です。

# NIGIRI

【 握り寿司 】

本物顔負けのMODOKIネタを握ります。
見た目もさることながら、味も驚きの魚介です。

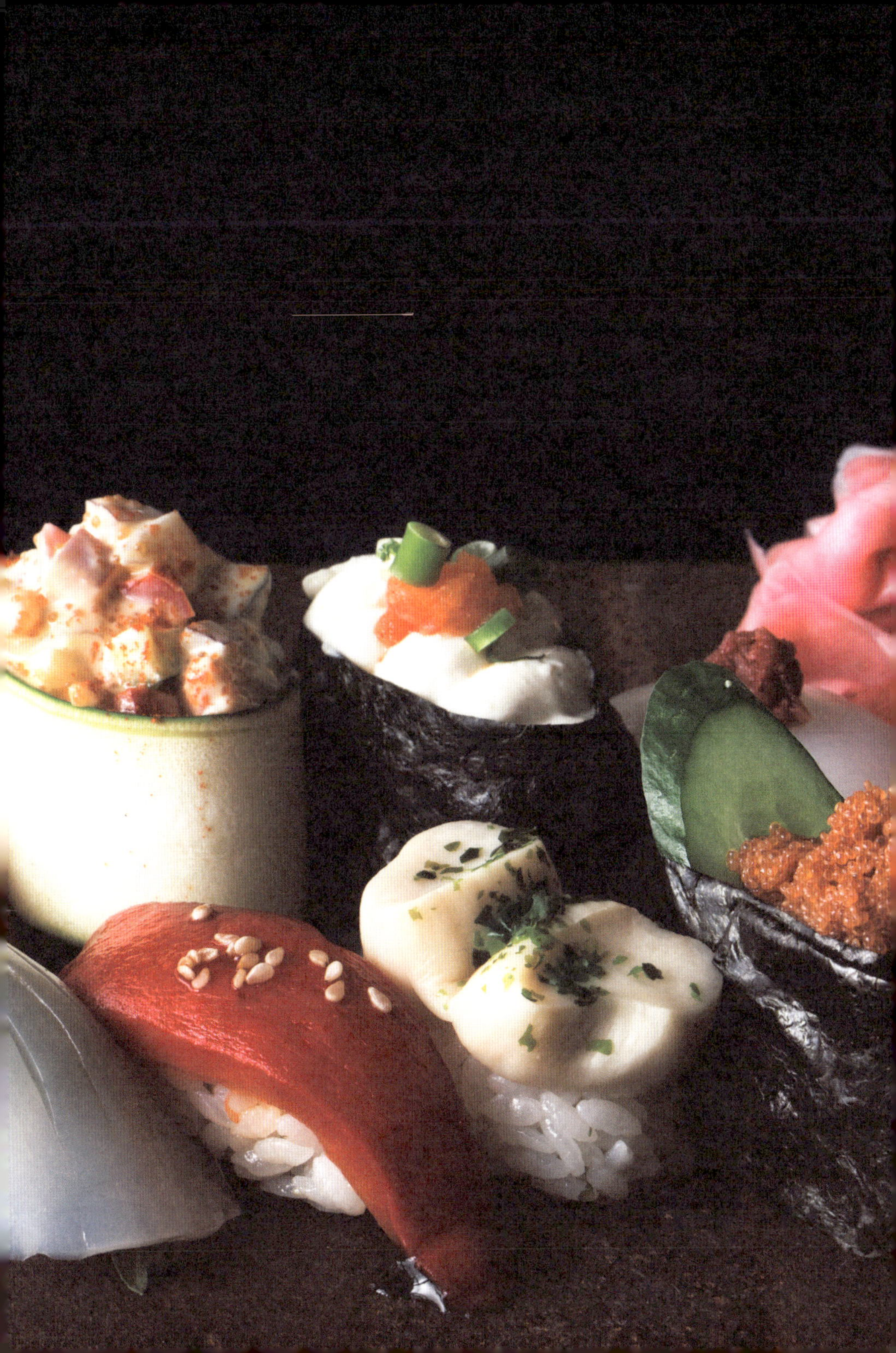

〈握り方〉 必ず手酢を用意してから握ります。
素手で握るのが難しい場合は、ラップを使ってもよいでしょう。

## NIGIRI
握り

● 準備
・小さいボウルに手酢（水：酢＝1：1）を用意し、手を浸してよく湿らせる。

● 握り方
1 左手にネタを置き、好みで右手の人差し指でわさびをつける。
2 右手で酢飯（約15g）を取り、手の中で転がすようにふんわり丸め、ネタの上にのせる。左の親指で酢飯の中心を押し、凹みを作る。
3 右手の親指と人差し指で前後左右を押さえながら形を整える。
4 天地を返してネタを上にし、右手の人差し指と中指でさらに形を整える。

### 簡単に握る方法

素手で握るのが難しい場合は、ラップで酢飯を包んで形を整えてから皿に置き、わさびとネタをのせる方法もあります。この場合も手酢を用意してください。

### POINT
・酢飯に凹みを作ることで、口に入れたときにほろりとご飯が崩れる。

# GUNKAN
## 軍艦

● 準備
- 小さいボウルに手酢(水:酢＝1:1)を用意する。

● 握り方
1 全型のり(縦21×横19cm)を横に6等分に切る。
2 手酢に手を浸してよく湿らせ、握りの要領でネタをのせないで握る(わさびは不要)。
3 皿に **2** を置き、のりの巻き終わり部分に米を2〜3粒つけて留める。
4 スプーンで好みの具を盛る。

### のりの表裏

ツルツルしている面が表、ザラザラしている面が裏です。このザラザラしている面を内側にして巻きます。また、のりは湿気やすいので、作ったらすぐに提供しましょう。

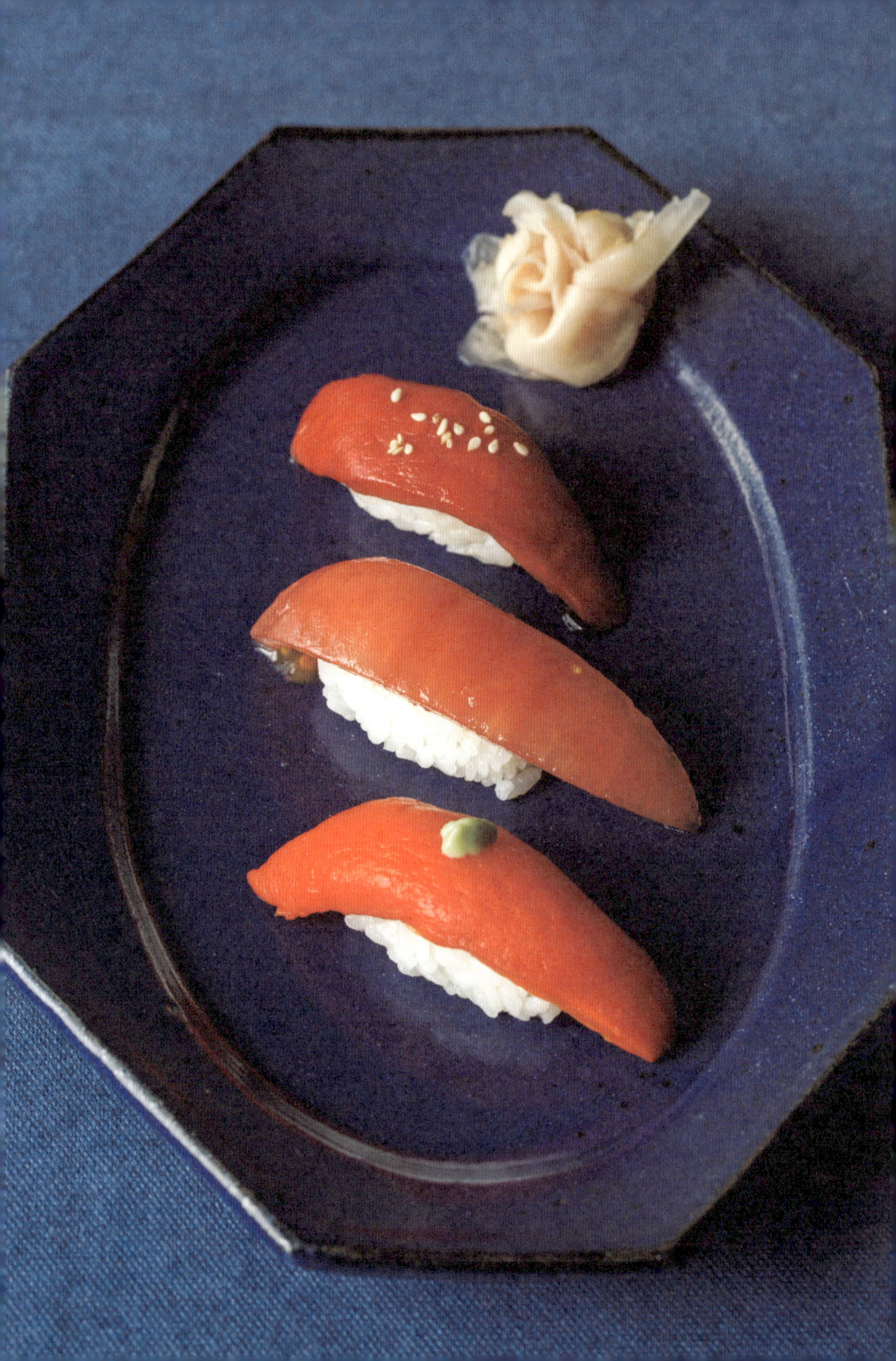

## 漬けまぐろMODOKI　しょうゆをつけずに、そのままどうぞ！

●材料（8貫分）
パプリカ（赤）…1個
漬けたれ
　┌しょうゆ…大さじ2
　│みりん…大さじ2
　└酒…大さじ2
炒りごま（白）…適量
紅白ガリ…適宜（p.106参照）

●準備
・酢飯を準備する（p.13参照）。

●作り方
1. パプリカは縦半分に切り、ヘタと種を取り除く。冷凍保存用袋に入れ、冷凍庫で凍らせる。
2. 鍋に湯を沸かし、1を皮面を下にして入れる。ときどき回転させながら、皮に少しシワが寄るまで10〜15分茹でる。
3. 氷水に取り、ヘタがついていたほうから皮をむく。
4. 漬けたれを作る。すべての材料を小鍋に入れ、鍋肌が軽く沸騰したら火を止めて粗熱を取る。
5. パプリカを縦に4等分に切り、バットなどに並べる。漬けたれをかけてラップを密着させて被せ、30分〜1時間置く。
6. 酢飯とともに5を握り、炒りごまをふる。好みで紅白ガリを添える。

---

## 中とろMODOKI　口の中でとろける食感を楽しんでください。

●材料（6貫分）
トマト…中1個（大なら8貫分）
亜麻仁油…大さじ1

●準備
・酢飯を準備する（p.13参照）。

POINT
・あまり熟れ過ぎていないトマトを使うのがおすすめ。

●作り方
1. トマトはヘタの部分をくり抜き、皮だけがむけるように十字に切り込みを入れる。
2. 鍋にトマトが被る程度の湯を沸かし、1を3秒ほどで茹でて氷水に取る。
3. 氷水の中で十字に切り込みを入れた部分から皮をむく。
4. トマトを縦半分に切り、さらに横に3等分に切って種の部分を取り除き、バットなどに並べる。
5. 亜麻仁油をかけてラップを密着させて被せ、15分ほど置く。
6. 酢飯とともに5を握る。

---

## まぐろMODOKI　お好みのトッピングでアレンジを楽しめます。

●材料（8貫分）
パプリカ（赤）…1個
わさび…適量

●準備
・酢飯を準備する（p.13参照）。

●作り方
1. パプリカは縦半分に切り、ヘタと種を取り除く。冷凍保存用袋に入れ、冷凍庫で凍らせる。
2. 鍋に湯を沸かし、1を皮面を下にして入れる。ときどき回転させながら、皮に少しシワが寄るまで10〜15分茹でる。
3. 氷水に取り、ヘタがついていたほうから皮をむいて縦に4等分に切る。
4. 酢飯とともに3を握り、わさびをのせる。

サーモンMODOKI

ほたてMODOKI

あわびMODOKI

ほたてMODOKI

## サーモンMODOKI

大人気のネタの正体は、なんとにんじん！

● 材料（10貫分）
にんじん…約1/2本
亜麻仁油…大さじ1
わさび…適量
オニオンスライス…適量
精進TOFUマヨネーズ…適量（下記参照）

● 準備
・酢飯を準備する（p.13参照）。

● 作り方
1 にんじんはスライサーで10枚ほど薄切りにする（写真右）。
2 1を沸騰した蒸し器に入れる。1分ほど蒸して取り出し、バットなどに広げる。
3 亜麻仁油をかけてラップを密着させて被せ、15分ほど置く。
4 3の数枚を炙りサーモン用に耐熱皿に移し、ガスバーナーで炙る。
5 酢飯とともに4と残りのネタを握る。
6 炙りサーモン以外のネタにわさび、オニオンスライスと精進TOFUマヨネーズをかける。

POINT
・にんじんはスライサーを使うと、握りに合うようなカーブができる。
・火を通し過ぎると、にんじんが崩れやすくなるので注意。

## 精進TOFUマヨネーズ

● 材料（作りやすい分量）
絹ごし豆腐…400g
菜種油…120ml
りんご酢…大さじ2
ディジョンマスタード…小さじ1
塩…小さじ1

● 作り方
絹ごし豆腐は軽く水気をきり、残りの材料とともにフードプロセッサーで滑らかになるまで混ぜる（清潔な密閉容器に入れ、冷蔵庫で10日間保存可能）。

# ほたてMODOKI

食感も味わいも本物チックなヘルシーほたてです。

● 材料（4貫分）
エリンギ…大2本
昆布…2cm
塩…少々
青のり…適量

● 準備
・酢飯を準備する（p.13参照）。

● 作り方
1 エリンギは茎の部分を3cm幅の輪切りにする。真ん中に切り落とさない程度に深く切り込みを入れる（写真左）。これを4個作る。
2 小鍋に高さ1cm程度の水（分量外）と1、昆布、塩を入れ、フタをして強火にかける。沸騰したら弱火にし、2～3分火が通るまでフタをしたまま蒸し煮にする。
3 2個を炙りほたて用に耐熱皿に移して広げ、ガスバーナーで炙る。
4 酢飯とともに3と残りのネタを握る。
5 炙りほたて以外のネタに青のりをふる。

POINT
・エリンギは大きめに切っても、縮んでちょうどよいサイズになる。

---

# あわびMODOKI

豪華なあわびがいくつでも食べられます。

● 材料（4貫分）
エリンギ…大1本
昆布…2cm
塩…少々
すだちスライス…4枚
紫キャベツスプラウト…適量

● 準備
・酢飯を準備する（p.13参照）。

● 作り方
1 エリンギは茎の部分を1cm厚さの斜め切りにし、片側に4～5か所切り込みを入れる（写真左）。
2 小鍋に高さ1cm程度の水（分量外）と1、昆布、塩を入れ、フタをして強火にかける。沸騰したら弱火にし、2～3分火が通るまでフタをしたまま蒸し煮にする。
3 酢飯とともに2を握り、すだちスライスと紫キャベツスプラウトをのせる。

POINT
・エリンギは太くて大きめのエリンギを選ぶとよい。

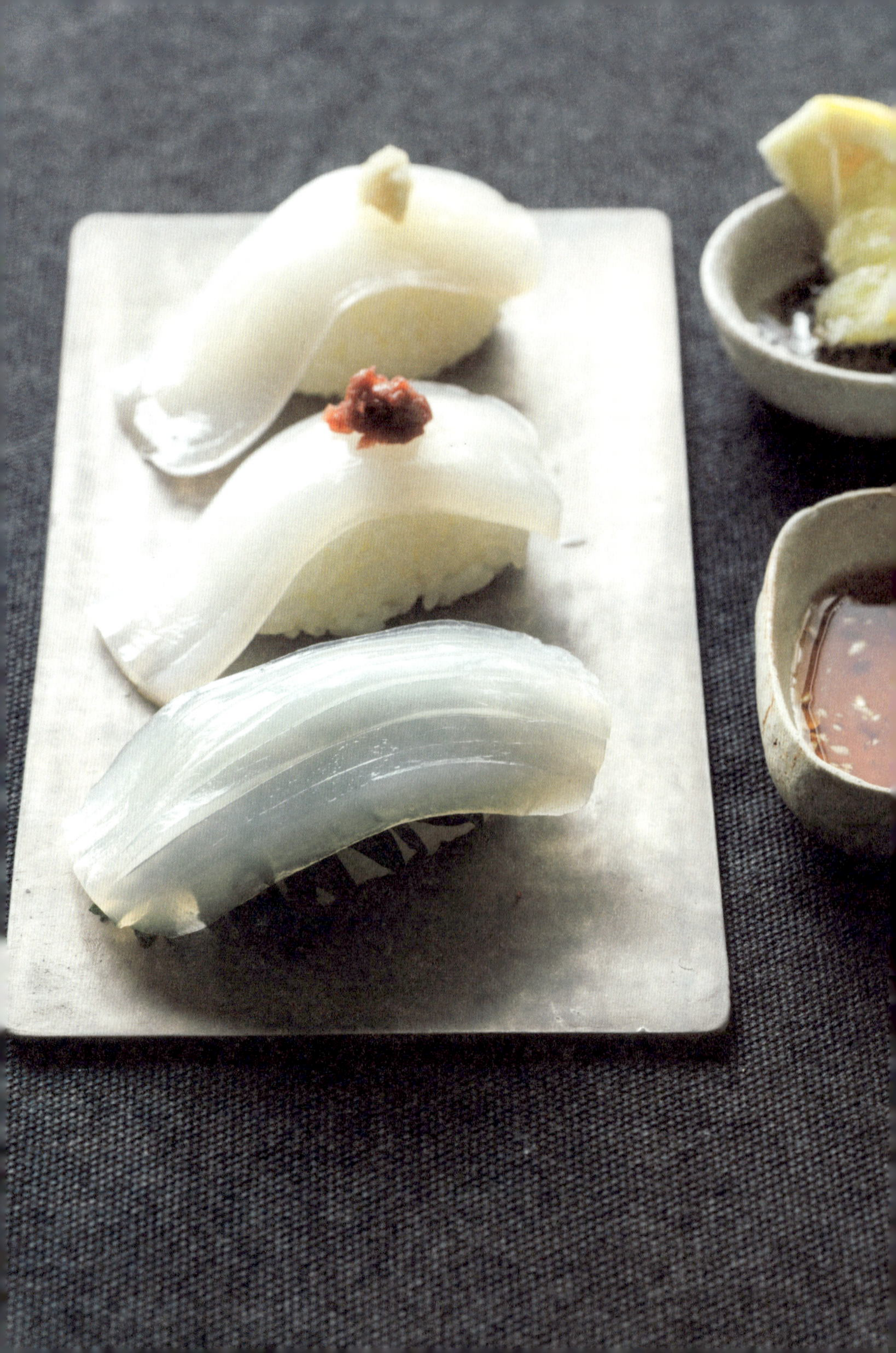

# いかMODOKI

白こんにゃくを切るだけのいか！ 飾り包丁がポイントです。

●材料（6貫分）
こんにゃく（白）…約1/2枚
青じそ…1枚
おろししょうが…適量
梅肉…適量
レモンペッパーソルト…適宜（下記参照）
和ラー油…適宜（下記参照）
塩…適宜

●準備
・酢飯を準備する（p.13参照）。

●作り方
1 こんにゃくは薄く斜めにそぎ切りにし（写真A）、表面に細かく隠し包丁を入れる（写真B・C）。青じそは半分に切る。
2 酢飯とともに1を握る。ふたつは青じそを挟み、残りにおろししょうがと梅肉をのせる。好みでレモンペッパーソルトや和ラー油と塩を混ぜたものをつけていただく。

POINT
・こんにゃくは、手で持つと指が透けるくらいの厚さに切る。
・シンプルな味わいのこんにゃくは、パンチのあるつけだれがおすすめ。

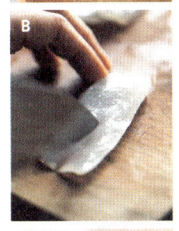

## レモンペッパーソルト

●材料（作りやすい分量）
レモン…1/6個
藻塩…小さじ1/4
黒こしょう…適量

●作り方
藻塩と黒こしょうを混ぜ合わせ、レモンを搾る。

## 和ラー油

●材料（作りやすい分量）
ごま油…100ml
しょうが…10g
山椒…小さじ1
一味唐辛子…小さじ1

●作り方
1 しょうがは薄切りにする。
2 小鍋にごま油と1を入れ、中火にかける。
3 しょうがから小さな気泡が出てきたら弱火にし、さらに10分ほど火にかける。
4 清潔な耐熱容器に山椒と一味唐辛子を入れ、3を一気に注ぎ入れ、粗熱を取る（常温で半年間保存可能）。

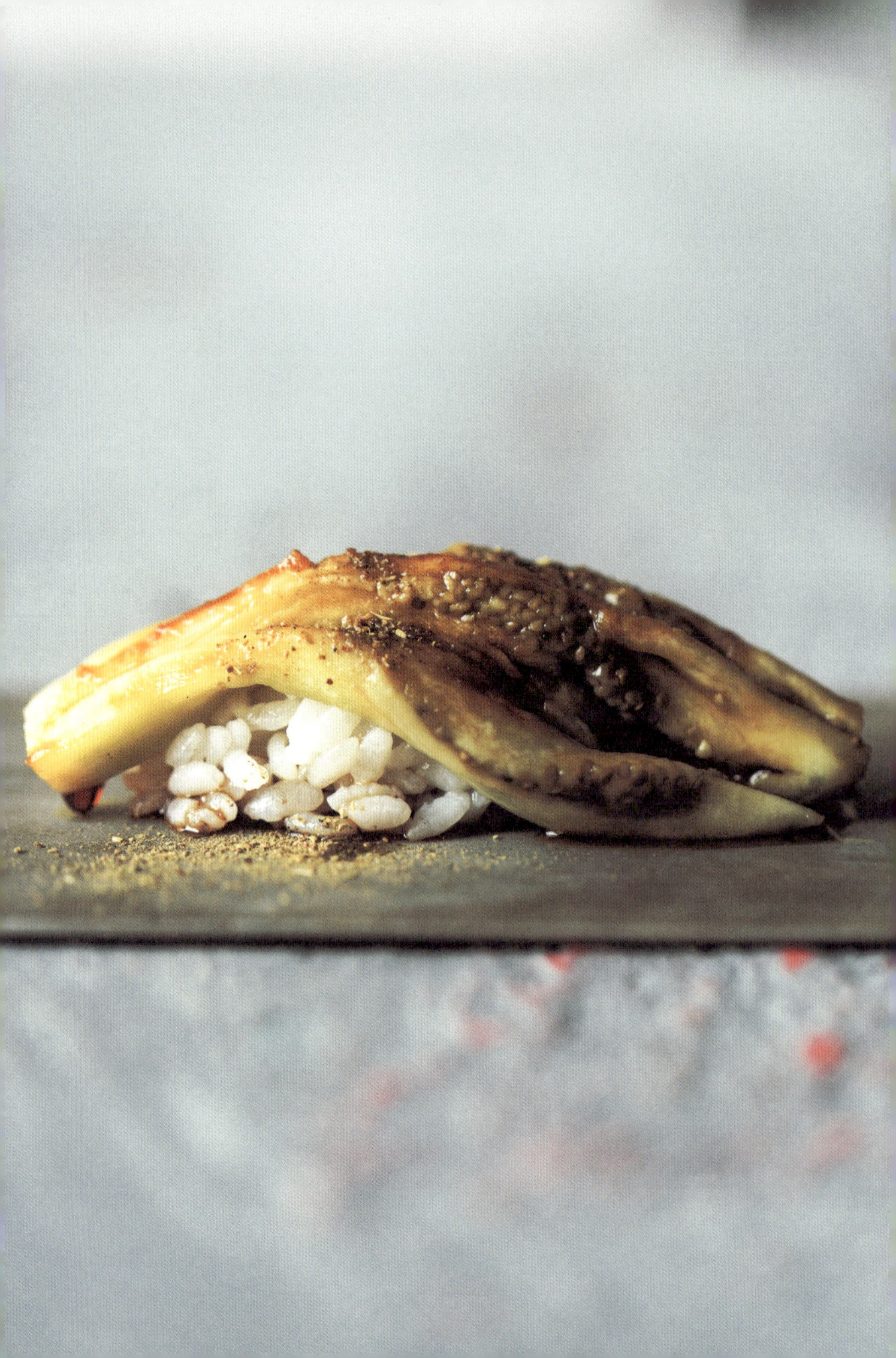

# 穴子MODOKI

なすのやわらかい食感でふんわり穴子を表現。

● 材料（4貫分）
なす…中2本
のり…4枚（7×3cm程度）
たれ
┌ 精進出汁しょうゆ…大さじ2（下記参照）
│ みりん…大さじ2
│ 酒…大さじ1
└ てんさい糖…大さじ1
山椒…適量

● 準備
・酢飯を準備する（p.13参照）。

● 作り方
1 たれの材料を小鍋に入れ、好みの濃さまで煮詰める。
2 なすはヘタを取り除き、皮をむく。
3 沸騰した蒸し器に2を入れる。竹串がすっと刺さるようになるまで5分ほど蒸す（写真A）。
4 バットなどに移し、粗熱が取れたら縦半分に切り、内側に3本、縦に切り込みを入れて開く（写真B・C）。
5 酢飯と4の間にのりを忍ばせて握る。皿にのせて1のたれを塗り、山椒をふる。

POINT
・太めのなすを使う場合は、縦に4等分に切ってから開く。
・たれの甘さは好みで加減してよい。

## 精進出汁しょうゆ

● 材料（作りやすい分量）
しょうゆ…100ml
昆布…5cm
干ししいたけ…2枚

● 作り方
すべての材料を清潔な瓶に入れ、1週間ほど常温で寝かせる（常温で半年間保存可能）。

## 玉子MODOKI

みんな大好きな甘い玉子焼きは
お弁当のおかずにもおすすめです。

● 材料（10貫分）　※6号バット（21×15cm）使用。

木綿豆腐…450g
かぼちゃ…60g（正味）
みりん…大さじ1
片栗粉…大さじ1
コーンスターチ…小さじ1
精進出汁しょうゆ…小さじ1（p.27参照）
塩…小さじ1/8
のり…10枚（10×1cm程度）
しば漬け…適宜（p.107参照）

● 準備
・酢飯を準備する（p.13参照）。

● 作り方
1　木綿豆腐のうち300gは一度凍らせてから解凍し、両手で水気を絞る。残り150gはザルなどにのせ、ひと晩冷蔵庫で水きりする。
2　かぼちゃは皮をむいて種を除き、小さく切って沸騰した蒸し器でやわらかくなるまで蒸す。
3　のりとしば漬け以外の材料をフードプロセッサーに入れて滑らかになるまでよく混ぜる。
4　オーブン用シートを敷いた型に3を流し入れ、表面を平らにならす（写真A）。
5　180℃に温めたオーブンに入れ、表面に少し焦げ目がつくまで20〜25分焼く。
6　オーブンから取り出して粗熱を取り、10等分に切る（写真B）。
7　酢飯とともに6を握り、のりで帯留めをする。好みでしば漬けを添える。

POINT
・木綿豆腐は一度凍らせることによって、出し巻き玉子の層のような食感が出る。
・コーンスターチがない場合は、片栗粉を少し多めに加えてもよい。
・甘くしたい場合は、てんさい糖を加える。

白子MODOKI

ねぎとろMODOKI

とろたくMODOKI

## 白子MODOKI

磯の香りは青のりで表現！　こんもり絞ると本物感が出ます。

●材料（8貫分）
木綿豆腐…300g
青のり…小さじ1/8
塩…小さじ1/4
紅葉おろし
　┌大根…30g
　└一味唐辛子…小さじ1/8
のり…8枚（19×3.5cm程度）
わけぎ…適量
昆布ポン酢…適宜（下記参照）

●準備
・酢飯を準備する（p.13参照）。

●作り方
1　木綿豆腐はザルなどにのせ、ひと晩冷蔵庫で水きりする。
2　1と青のり、塩をフードプロセッサーに入れ、滑らかになるまで混ぜる。
3　紅葉おろしを作る。大根はすりおろし、一味唐辛子と混ぜ合わせる。
4　酢飯を握ってのりを巻く。
5　丸口金をつけた絞り袋に2を入れる。円を描くように4に絞り出し（写真左）、紅葉おろしと小口切りにしたわけぎをのせる。好みで昆布ポン酢をつけていただく。

### POINT
・かための木綿豆腐を選び、十分に水気をきる。

## 昆布ポン酢

●材料（作りやすい分量）
ゆず果汁…100ml
しょうゆ…150ml
昆布…5cm

●作り方
すべての材料を清潔な瓶に入れ、1週間ほど常温で寝かせる（冷蔵庫で半年間保存可能）。

## ねぎとろMODOKI

手巻きの具にしたり、ねぎとろ丼にしても美味しいです。

● 材料（6貫分）
トマト…100g（正味）
アボカド…30g（正味）
長ねぎ…20g
亜麻仁油…大さじ1
のり…6枚（19×3.5cm程度）
わけぎ…適量

● 準備
・酢飯を準備する（p.13参照）。

● 作り方
1 トマトはヘタの部分をくり抜き、皮だけがむけるように十字に切り込みを入れる。
2 鍋にトマトが被る程度の湯を沸かし、1を3秒ほどで茹でて氷水に取る。
3 氷水の中で切り込みを入れた部分から皮をむき、種を除く。
4 アボカドは皮をむいて種を除き、まな板の上で包丁でたたく。
5 アボカドがクリーミーになってきたらトマトを加え、切るようにたたき混ぜる（写真左）。
6 5にみじん切りにした長ねぎと亜麻仁油を加えて混ぜる。
7 酢飯を握ってのりを巻き、6をスプーンで盛り、小口切りにしたわけぎをのせる。

POINT
・トマトは包丁をスライドさせて切るようにたたくと、余計な水分が出ない。

---

## とろたくMODOKI

たくあんの食感が美味しいハーモニーのアクセントに。

● 材料（8貫分）
トマト…100g（正味）
アボカド…30g（正味）
亜麻仁油…大さじ1
たくあん…80g（p.107参照）
のり…8枚（19×3.5cm程度）

● 準備
・酢飯を準備する（p.13参照）。

● 作り方
1 ねぎとろMODOKIの要領でトマトとアボカドをたたき合わせ、亜麻仁油を加えて混ぜる。
2 たくあんはせん切りにする。
3 酢飯を握ってのりを巻き、たくあんをのせ、1をスプーンで盛る。

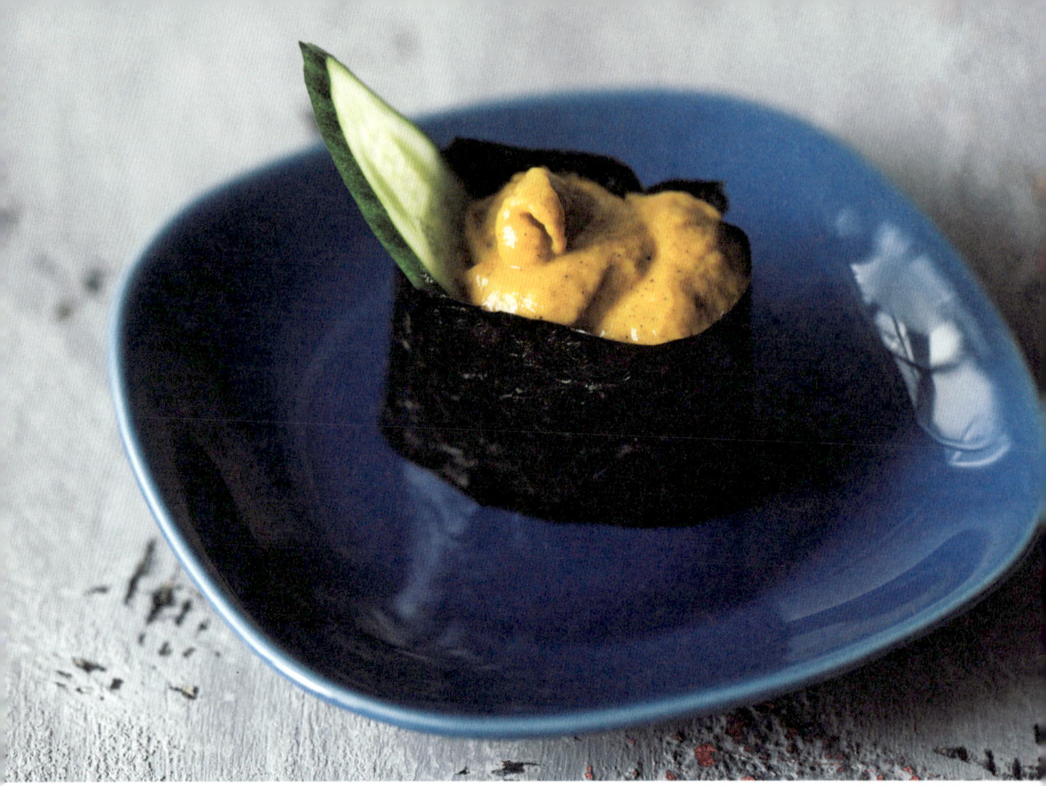

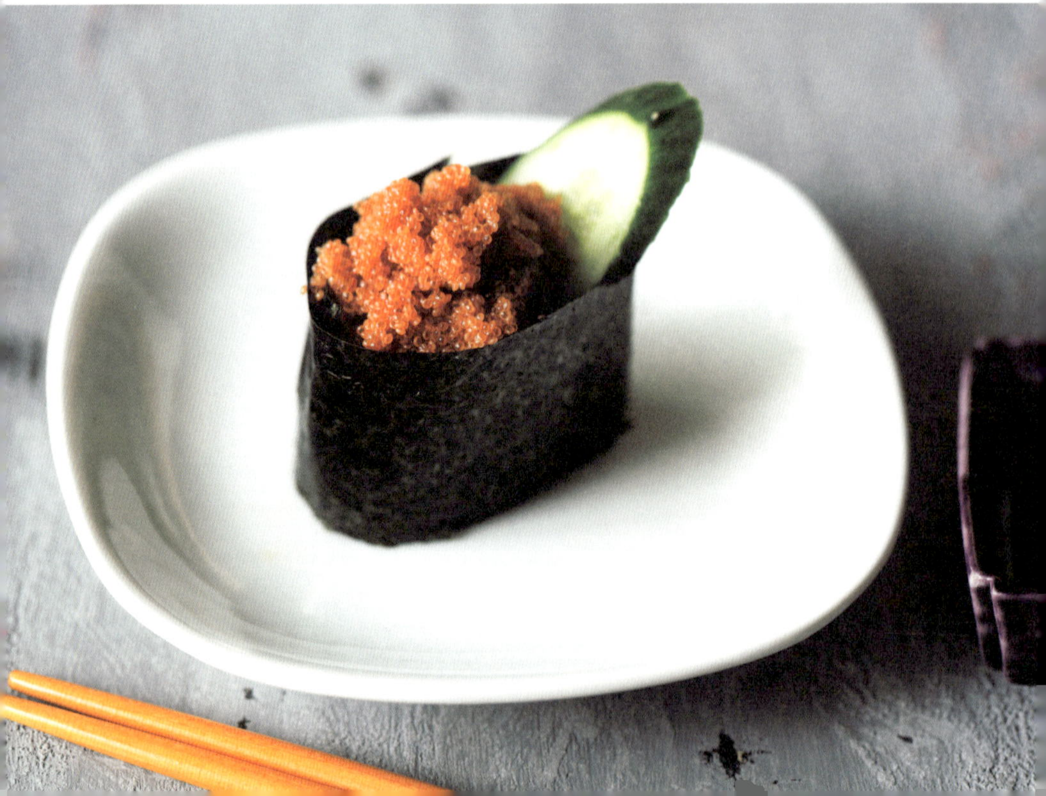

# うにMODOKI

見た目は生うに、味は瓶入り粒うににそっくりで、びっくり。

●材料（8貫分）
にんじん…130g
かぼちゃ…90g（正味）
酒粕…10g
味噌…10g
ひじき（乾燥）…3g
菜種油…大さじ2
塩…小さじ1/2
のり…8枚（19×3.5cm程度）
きゅうりスライス…8枚

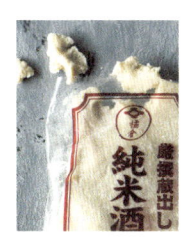

「酒粕」
日本酒を製造する過程でできたもろみを圧搾した際に残る副産物。瓶入りの粒うにの風味を出すのに使う。

●準備
・酢飯を準備する（p.13参照）。

●作り方
1 ひじきは水で戻す。
2 かぼちゃは皮をむいて種を除く。にんじんとともに小さく切り、蒸し器でやわらかくなるまで蒸す。
3 のりときゅうりスライス以外の材料をフードプロセッサーに入れ、滑らかになるまで混ぜる。
4 酢飯を握ってのりを巻き、きゅうりスライスをのせ、3をスプーンで盛る。

POINT
・残ったらクラッカーにのせたり、野菜をディップして食べるのもおすすめ。

---

# とびこMODOKI

アマランサスがプチプチとしたリアルな食感を出しています。

●材料（6貫分）
アマランサス…50g
ストレートにんじんジュース
　…200ml
塩…ひとつまみ
のり…6枚（19×3.5cm程度）
きゅうりスライス…6枚

●準備
・酢飯を準備する（p.13参照）。

●作り方
1 鍋にのりときゅうりスライス以外の材料を入れ（写真左）、フタをせずに10～15分ほど弱火で煮る。
2 水分がほぼなくなってきたら火を止めてフタをし、10分ほど経ったらフタを外してそのまま冷ます。
3 酢飯を握ってのりを巻き、きゅうりスライスをのせ、2をスプーンで盛る。

POINT
・10分煮ても水分がまだある場合は、火を強めにして混ぜながらパラッとするまで水分をしっかり飛ばす。

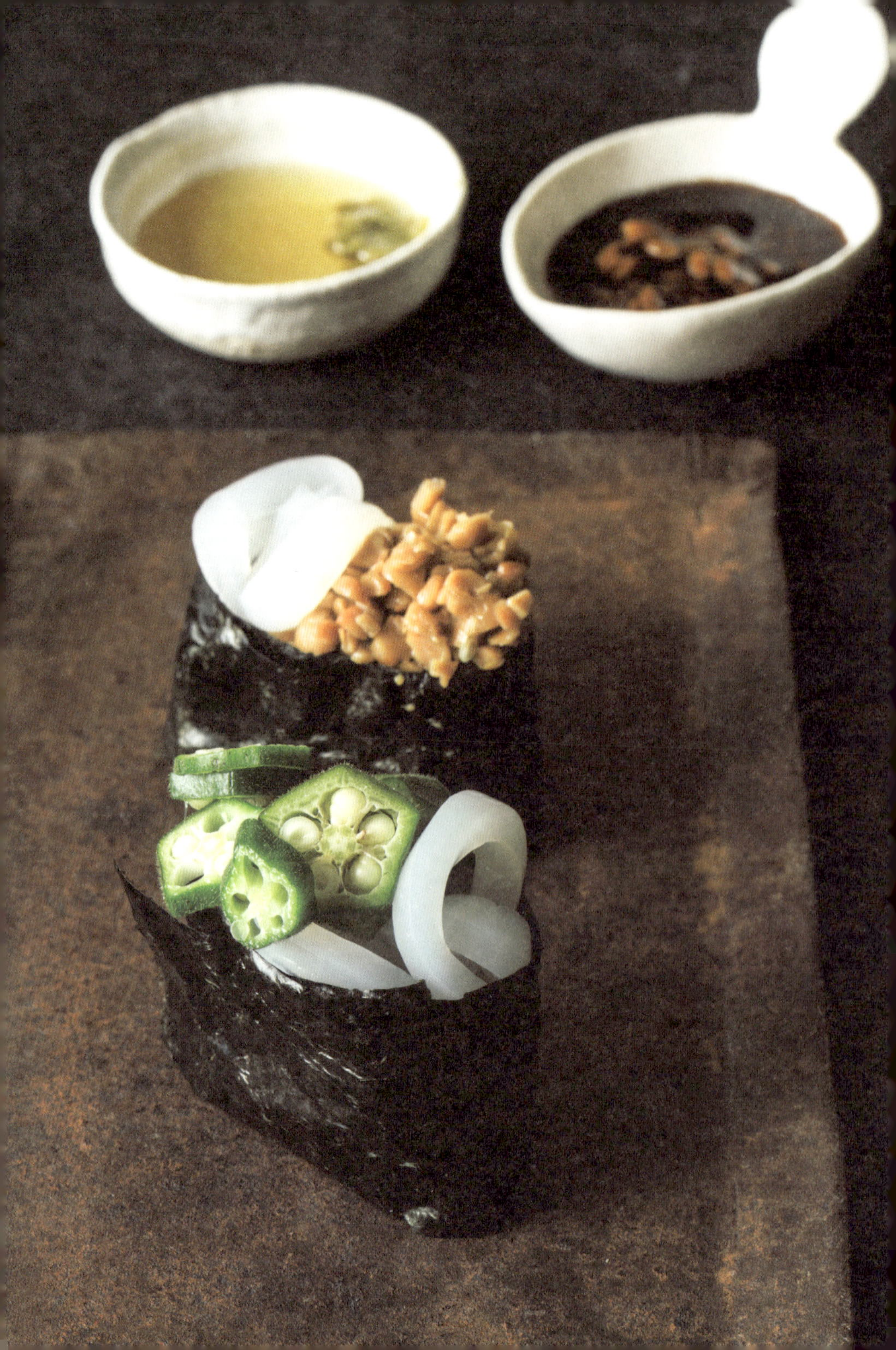

## いか納豆MODOKI

白こんにゃくは切り方によって
いかそうめんにもなります。

● 材料（6貫分）
こんにゃく（白）…60g
ひき割り納豆…1パック
のり…6枚（19×3.5cm程度）
UMAMIしょうゆ麹…適宜（下記参照）
ゆずこしょうゆ…適宜（下記参照）

● 準備
・酢飯を準備する（p.13参照）。

● 作り方
1 こんにゃくは5mm角の棒状に切り、ペーパータオルの上に置いて水気を取る。
2 酢飯を握ってのりを巻き、ひき割り納豆と1を盛る。好みでUMAMIしょうゆ麹やゆずこしょうゆをつけていただく。

## いかオクラMODOKI

シンプルな味わいのこんにゃくは
つけだれで楽しんでください。

● 材料（6貫分）
こんにゃく（白）…60g
オクラ…3本
のり…6枚（19×3.5cm程度）
UMAMIしょうゆ麹…適宜（下記参照）
ゆずこしょうゆ…適宜（下記参照）

● 準備
・酢飯を準備する（p.13参照）。

● 作り方
1 こんにゃくは5mm角の棒状に切り、ペーパータオルの上に置いて水気を取る。
2 オクラは薄い輪切りにする。
3 酢飯を握ってのりを巻き、オクラと1を盛る。好みでUMAMIしょうゆ麹やゆずこしょうゆをつけていただく。

## UMAMIしょうゆ麹

● 材料（作りやすい分量）
しょうゆ…150ml
米麹（生）…100g

● 作り方
1 すべての材料を密閉できる清潔な瓶など入れてよくふる。
2 呼吸ができるようにゆるくフタを閉め、たまにかき混ぜて1週間ほど常温で寝かせる（冷蔵庫で半年間保存可能）。

## ゆずこしょうゆ

● 材料（作りやすい分量）
精進出汁…小さじ2（p.101参照）
薄口しょうゆ…小さじ1
ゆずこしょう…適量

● 作り方
精進出汁と薄口しょうゆを混ぜ合わせ、ゆずこしょうを添える。

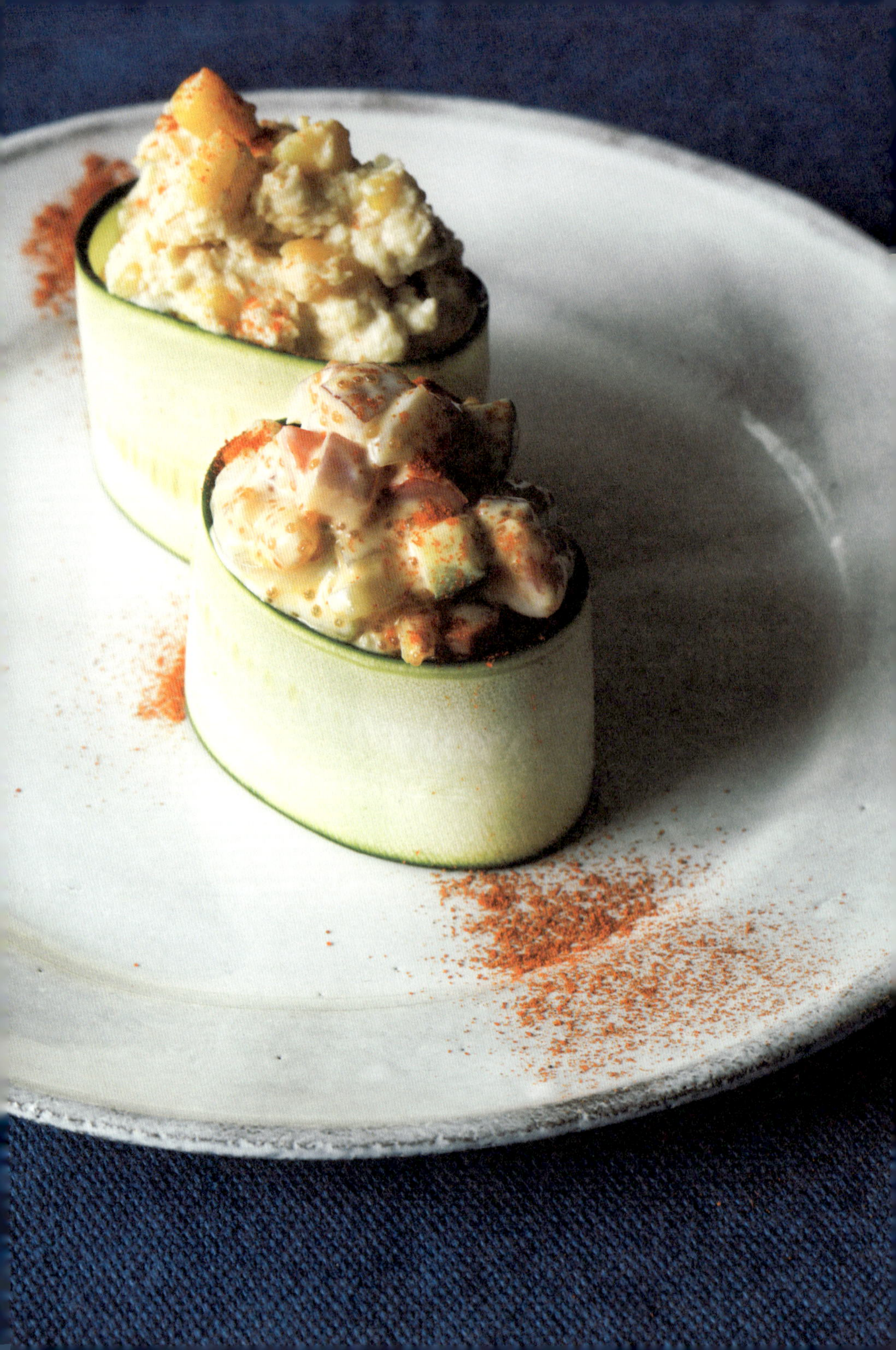

# ツナコーンMODOKI

ツナ独特の繊維は戻した板麩をほぐして再現！

● 材料（6貫分）
ひよこ豆（水煮）…60g
板麩…30g
スイートコーン…50g
玉ねぎ…20g
精進TOFUマヨネーズ
　…120g（p.22参照）
塩…小さじ1/4
黒こしょう…少々
ズッキーニ…1/2本
カイエンペッパー…適量

● 準備
・酢飯を準備する（p.13参照）。

● 作り方
1 板麩は水に10〜15分浸す。手でちぎれるようになったら水気を軽く絞り、ほぐす（写真下）。
2 玉ねぎはみじん切りにする。水にさらして辛みを抜き、ペーパータオルで包んで水気をよく絞る。
3 ズッキーニはスライサーで縦に薄切りにし、全体に塩少々（分量外）をふる。
4 1とひよこ豆をフードプロセッサーでつぶす。
5 ズッキーニとカイエンペッパー以外の材料をボウルに入れ、よく混ぜ合わせる。
6 酢飯を握ってズッキーニを巻き、5をスプーンで盛り、カイエンペッパーをふる。

**POINT**
・板麩は切れていない大きめの板状のものを使ってもよい。

「板麩」
グルテンを主成分とする板麩は、薄切り肉の代わりにもなるヴィーガンミート。今回は、手でほぐし、ツナの食感を出す。

---

# 海鮮サラダMODOKI

本物より美味しい、サラダ軍艦。

● 材料（6貫分）
いかMODOKI…60g（p.25参照）
ほたてMODOKI…40g（p.23参照）
とびこMODOKI…30g（p.35参照）
きゅうり…40g
紫玉ねぎ…20g
パプリカ（赤）…20g
精進TOFUマヨネーズ…60g（p.22参照）
ズッキーニ…1/2本
カイエンペッパー…適量

● 準備
・酢飯を準備する（p.13参照）。

● 作り方
1 きゅうりと紫玉ねぎ、パプリカは5mm角に切り、ボウルに入れる。塩小さじ1/4（分量外）をふり、水気が出たらペーパータオルで包んでしっかり水気を取る。
2 いかとほたてのMODOKIは5mm角に切る。
3 ズッキーニはスライサーで縦に薄切りにし、全体に塩少々（分量外）をふる。
4 ズッキーニとカイエンペッパー以外の材料をボウルに入れ、よく混ぜ合わせる。
5 酢飯を握ってズッキーニを巻き、4をスプーンで盛り、カイエンペッパーをふる。

**POINT**
・ズッキーニはスライスしたあとに薄く塩をしておくと、のりのように巻きやすくなる。

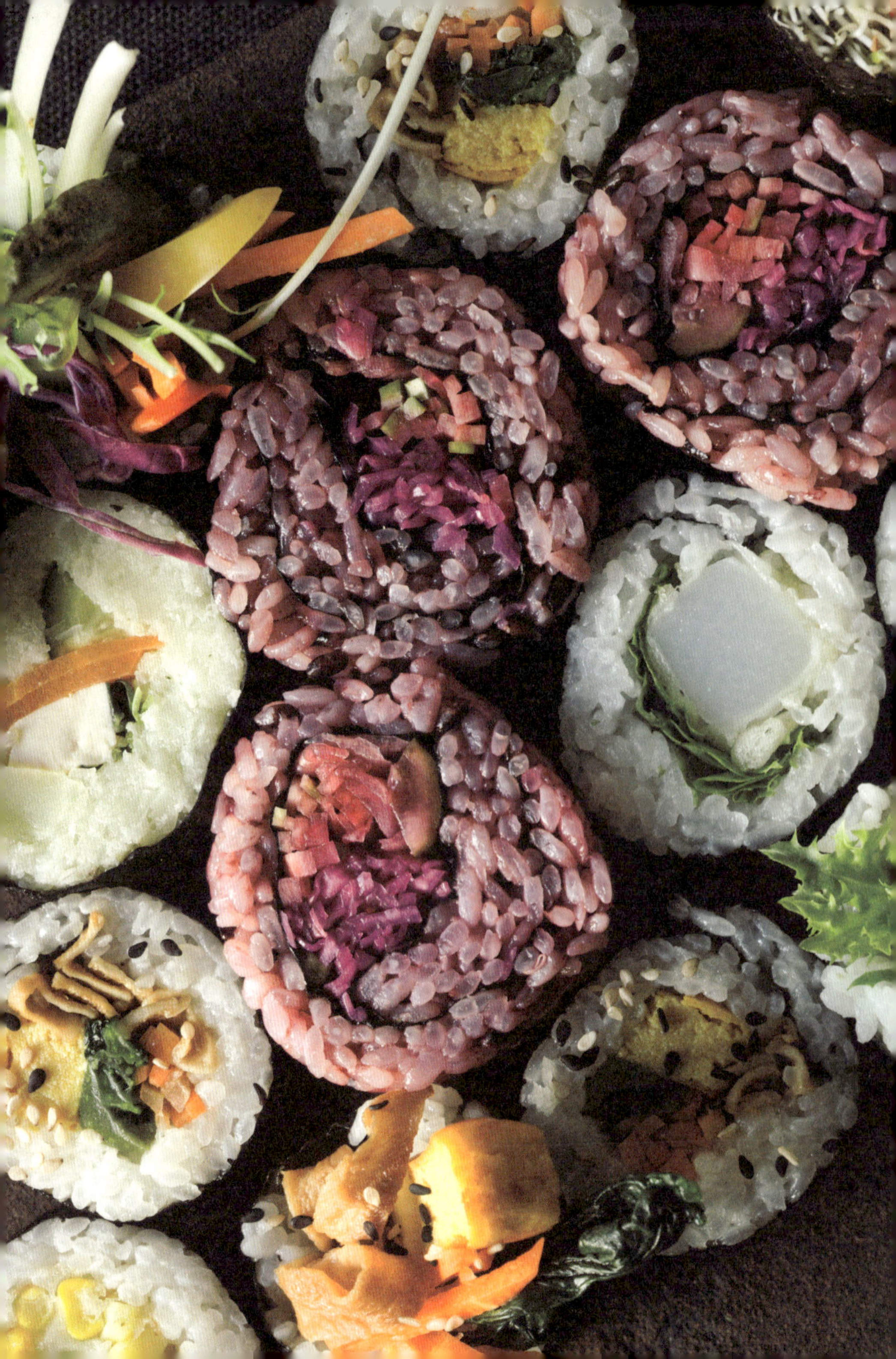

# ROLL

【 巻き寿司 】

ネタMODOKIを使ったり、野菜をたっぷり巻いて！
酢飯もいろいろアレンジすると楽しくなります。

〈巻き方〉 "酢飯も具材も欲張らずに"が、きれいに巻くコツです。
いろんな具材を巻くときは、積み上げるようにすると断面がきれいです。

## ROLL
巻き寿司

● 準備
・小さいボウルに手酢（水：酢＝1:1）を用意する。

● 巻き方
1 巻きすの平らな面を上にし、巻きすの手前にのりを合わせるように置く。手酢でよく手を湿らせて、のりの手前1cm、奥1.5cmを空けて酢飯（約150g）を均一の厚さに広げる。
2 両サイドからはみ出すように余裕を持って真ん中より少し手前に具を置く。多くの具を巻くときは上に積み上げるように置く。
3 手前から巻きすを持ち上げ、のりの手前のご飯がのっていない部分を具の外側につける。巻きすを左手で手前に、右手で奥に引くようにしてよく締める。
4 そのまま巻きすを転がすように巻く。

POINT
・巻いたらそのまま置き、2分ほど落ち着かせると包丁で切りやすい。
・十分に濡らしたフキンを置いておき、包丁をふきながら切ると、酢飯がつかずにきれいに切れる。

# HAND ROLL
## 手巻き寿司

● 準備
・小さいボウルに手酢（水：酢＝1：1）を用意する。

● 巻き方
1 全型のり（縦21×横19cm）を横半分に切る。手酢でよく手を湿らせて左上の角が上になるように酢飯（約30g）と具材を斜めにのせる。
2 左下の角の持ち上げて三角形を作るように酢飯と具材を包み、そのままくるくる回転させて左上の角と右上の角が重なるように巻く。

POINT
・のりや具材の食感を楽しむために、ご飯も具材ものせ過ぎない。

ピンクロール

レインボーロール

## ピンクロール

黒米入りの酢飯で、ピンク色の艶やかなロールに。

●材料（1本分）
紫キャベツラペ…50g（下記参照）
しば漬け…50g（p.107参照）
紅芯大根（ラディッシュでも）…30g
全型のり…1枚（縦21×横19cm）

●準備
・黒米入り酢飯を準備する（p.13参照）。

●作り方
1 紅芯大根は細くせん切りにする。
2 のりの上に黒米入り酢飯を広げる。裏巻きにするので、p.42とは違って、手前と奥を空けずにのり全面に酢飯を広げる。
3 2の上にラップを広げ、ラップごと裏返しにして巻きすの上にのせる（のりの面を上にする）。
4 紫キャベツラペ、しば漬け、紅芯大根を重ねるようにのせ、ラップを巻き込まないように注意しながら巻く。2分ほど落ち着かせてから、好みの大きさに切る。

**POINT**
・黒米や紫キャベツに含まれる、アントシアニンという紫色のフィトケミカルが酸（酢やレモン果汁）に反応して鮮やかなピンク色になる。

## 紫キャベツラペ

●材料（作りやすい分量）
紫キャベツ…100g
にんにく…1/2片
レモン果汁…小さじ2
オリーブオイル…小さじ2
塩…小さじ1/2
白こしょう…少々

●作り方
1 紫キャベツはせん切り、にんにくはすりおろす。
2 すべての材料を保存用ポリ袋に入れて軽くもみ、空気を抜く。冷蔵庫でひと晩以上置くと食べ頃（冷蔵庫で1週間保存可能）。

## レインボーロール

7種の鮮やかな野菜を巻きます。お好みの野菜でアレンジを。

●材料（1本分）
にんじん…1/4本
きゅうり…1/4本
アボカド…1/4個
パプリカ（赤・黄）…各1/8個
紫キャベツ…30g
水菜…30g
全型のり…1枚（縦21×横19cm）
パクチーソース…適宜（下記参照）

●準備
・酢飯を準備する（p.13参照）。

●作り方
1 にんじんと紫キャベツはせん切り、きゅうりは縦に4等分に切る。アボカドとパプリカは縦に5mm幅に切り、水菜はのりの幅に合わせて切る。
2 にんじんと紫キャベツにそれぞれ塩少々（分量外）をふり、しんなりさせる。
3 のりの上に酢飯を広げ、すべての具材を重ねるようにのせて巻く。2分ほど落ち着かせてから切り、好みでパクチーソースをつけていただく。

POINT
・7種の具を巻くので、巻きやすいように量を加減する。

## パクチーソース

●材料（作りやすい分量）
パクチー…70g
にんにく…1片
オリーブオイル…大さじ2
レモン果汁…大さじ1
水…大さじ1
塩…小さじ1

●作り方
すべての材料をフードプロセッサーに入れ、滑らかになるまで混ぜる（清潔な瓶に入れ、冷蔵庫で3日間保存可能）。

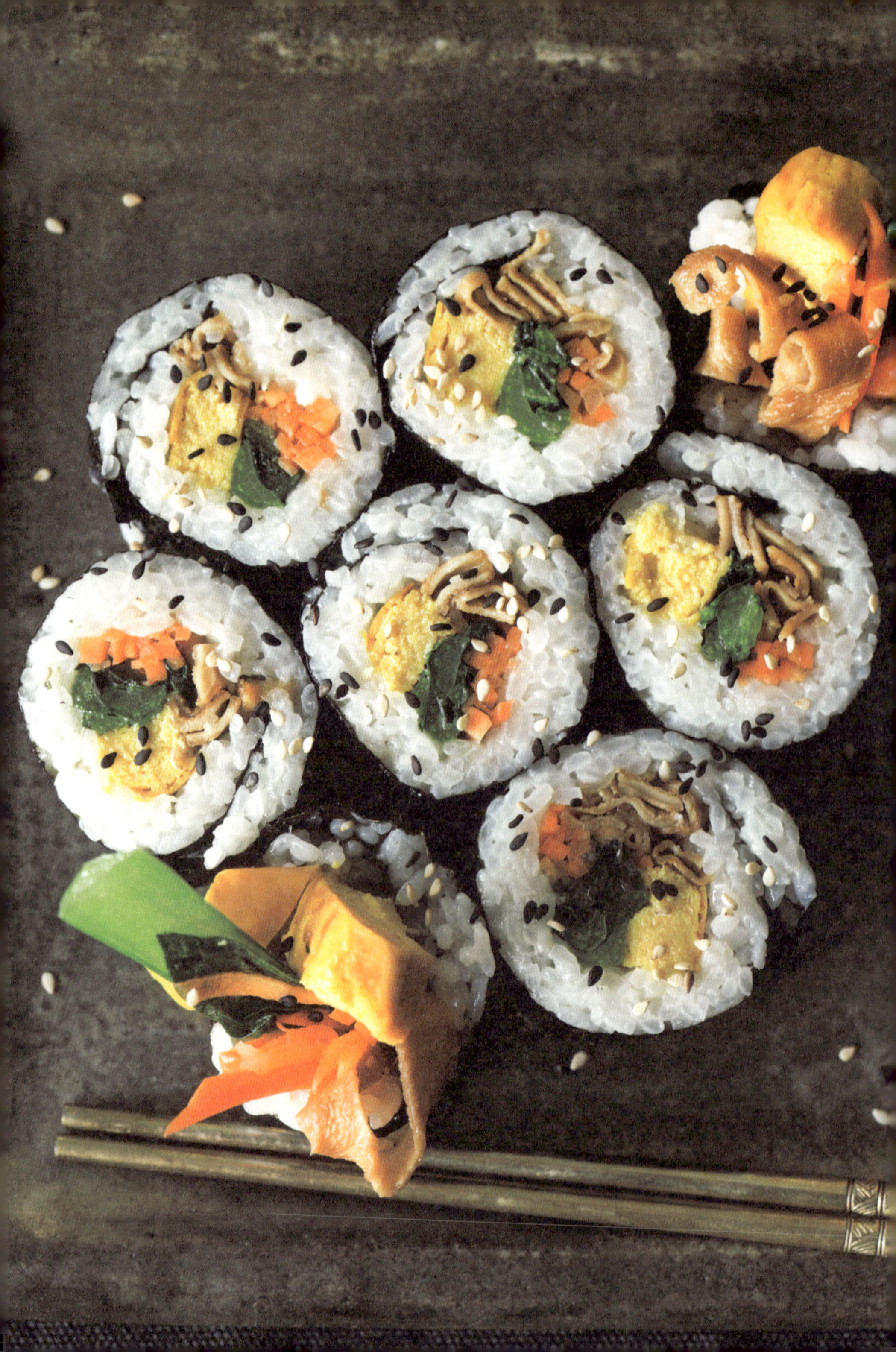

# キンパMODOKI

玉子と焼き肉MODOKIで
ごまの香り高い韓国風巻き寿司を。

● 材料（1本分）
玉子MODOKI…30g (p.29参照)
焼き肉MODOKI…30g (右記参照)
にんじんナムル…30g (右記参照)
小松菜ナムル…30g (右記参照)
全型のり…1枚（縦21×横19cm）
ごま油…適量
焼き塩（塩でも）…適量
炒りごま（白・黒）…各適量

● 準備
・酢飯を準備する (p.13参照)。

● 作り方
1 玉子MODOKIと焼き肉MODOKI、にんじんナムル、小松菜ナムルを作る（写真A）。
2 韓国のりを作る。ハケやスプーンの背を使い、ごま油をのりの両面に塗り広げる（写真B）。弱火で軽く炙り、焼き塩を両面にふる。
3 2に酢飯を広げ、すべての具材を重ねるようにのせて巻く。2分ほど置いてから好みの大きさに切り、炒りごまをふる。

## POINT
・キムチやたくあん (p.107参照) を巻いても美味しい。
・韓国のりにふる塩は、水分量の少ない焼き塩がおすすめ。

## 焼き肉MODOKI

● 材料（作りやすい分量）
板麩…30g
にんにく…3片
しょうが…にんにくと同量
精進出汁しょうゆ
　…大さじ1/2 (p.27参照)
水…100ml
ごま油…小さじ1
炒りごま（白）…小さじ1/2

● 作り方
1 にんにくとしょうがはすりおろし、ごま油と炒りごま以外の材料とともに鍋に入れて弱火にかける。
2 板麩が煮汁を吸って汁気がなくなるまで煮詰めたら火を止め、ごま油と炒りごまを加えて混ぜる。

## にんじんナムル

● 材料（作りやすい分量）
にんじん…100g
ごま油…小さじ1　塩…小さじ1/4

● 作り方
1 にんじんは細くせん切りにする。
2 1にごま油と塩を加えて混ぜ、少ししんなりするまで置く。

## 小松菜ナムル

● 材料（作りやすい分量）
小松菜…100g
ごま油…小さじ1　塩…小さじ1/4

● 作り方
1 鍋に湯を沸かし、塩少々（分量外）を入れる。小松菜を入れて15秒ほど茹で、冷水に取る。
2 粗熱が取れたら水気をよく絞る。
3 のりの幅に合わせて2を切り、ごま油と塩で和える。

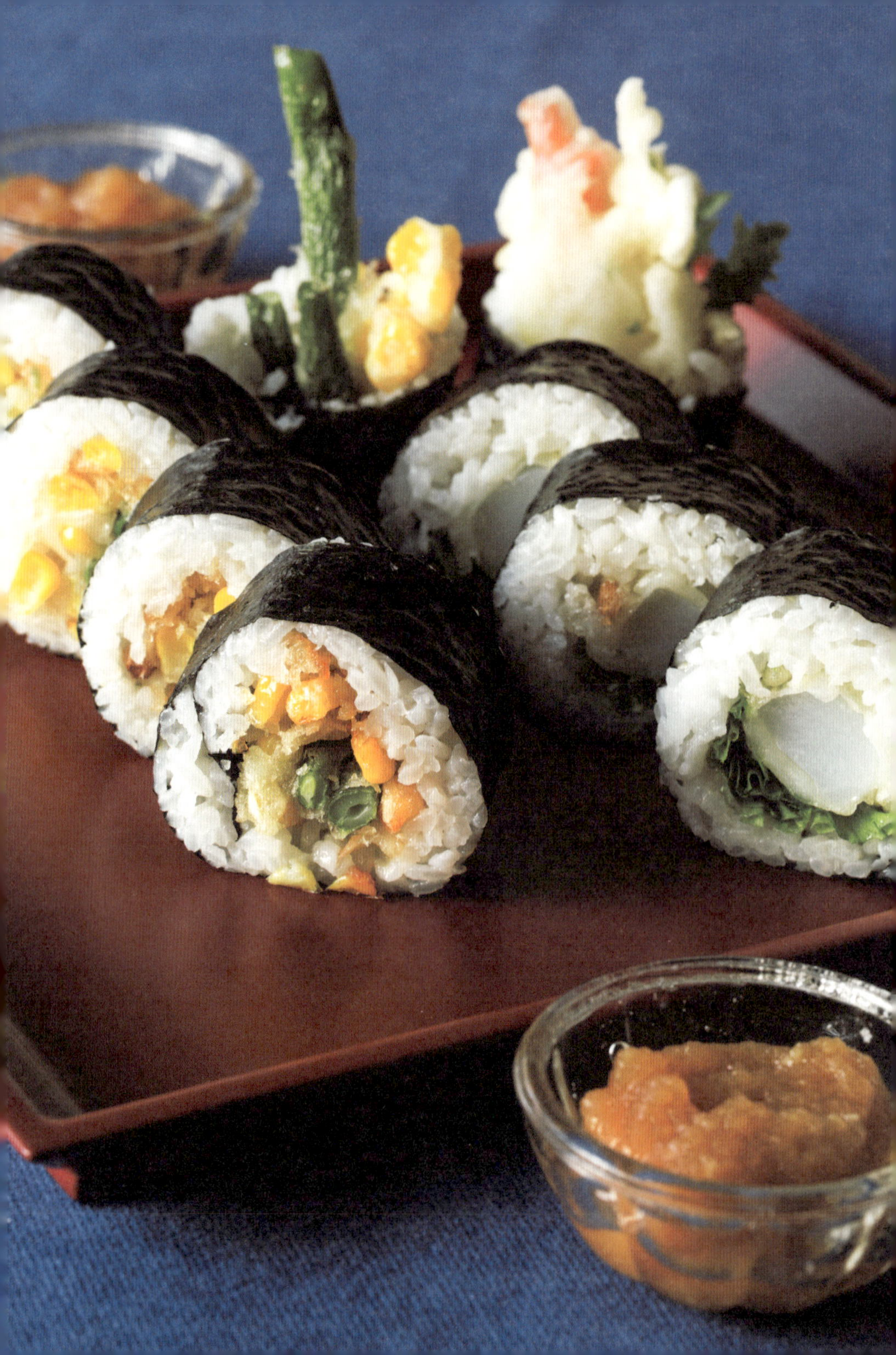

## かき揚げロール

サクサクのかき揚げで大満足の味わい。

●材料（1本分）
さやいんげん…80g
スイートコーン…50g
衣 ┌ 薄力粉…50g
　 │ 冷水…80ml
　 │ 酢…小さじ1/2
　 └ 塩…小さじ1/4
全型のり…2枚（縦21×横19cm）
菜種油…適量
おろしソース…適宜（下記参照）

●準備
・酢飯を準備する（p.13参照）。

●作り方
1 さやいんげんは切らずにスイートコーンとともにボウルに入れ、薄力粉小さじ1（分量外）をまぶす。
2 別のボウルに衣の材料を入れてよく混ぜ、1に加える。
3 フライパンに菜種油を180℃に温め、さやいんげんを2〜3本ずつ、コーンをよく絡めて色よく揚げる。
4 のりに酢飯を広げ、3をのせて巻く。2分ほど置いてから切り、好みでおろしソースをつけていただく。

### おろしソース

●材料（作りやすい分量）
大根…60g
精製出汁しょうゆ…大さじ1（p.27参照）
みりん…大さじ1
りんご酢…小さじ1

●作り方
1 大根はすりおろし、残りの材料とともに鍋に入れる。
2 1を弱火にかけ、鍋肌が軽く沸騰したら火を止め、粗熱を取る。

## 海老天ロールMODOKI

こんにゃくを海老に見立てました！

●材料（1本分）
海老天MODOKI…2本（下記参照）
リーフレタス…2枚
全型のり…1枚（縦21×横19cm）
おろしソース…適宜（下記参照）

●準備
・酢飯を準備する（p.13参照）。

●作り方
のりに酢飯を広げ、リーフレタスと海老天MODOKIを重ねてのせて巻く。2分ほど置いてから切り、好みでおろしソースをつけていただく。

### 海老天MODOKI

●材料（5本分）
こんにゃく（白）…1枚（200g）
にんじん…適量
塩…小さじ1/2
青のり…ひとつまみ
衣…かき揚げロールと同量
菜種油…適量

●作り方
1 こんにゃくは縦に5等分にちぎる（写真A）。にんじんは海老の尻尾に似せて5個切る。
2 鍋に1と水100㎖（分量外）、塩、青のりを入れ、水気がなくなるまで煮る（写真B）。
3 2の粗熱が取れたら、にんじんをこんにゃくの端に刺す（写真C）。
4 ボウルで衣の材料をよく混ぜて3をくぐらせ、180℃に温めた菜種油で色よく揚げる。

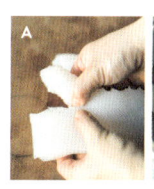

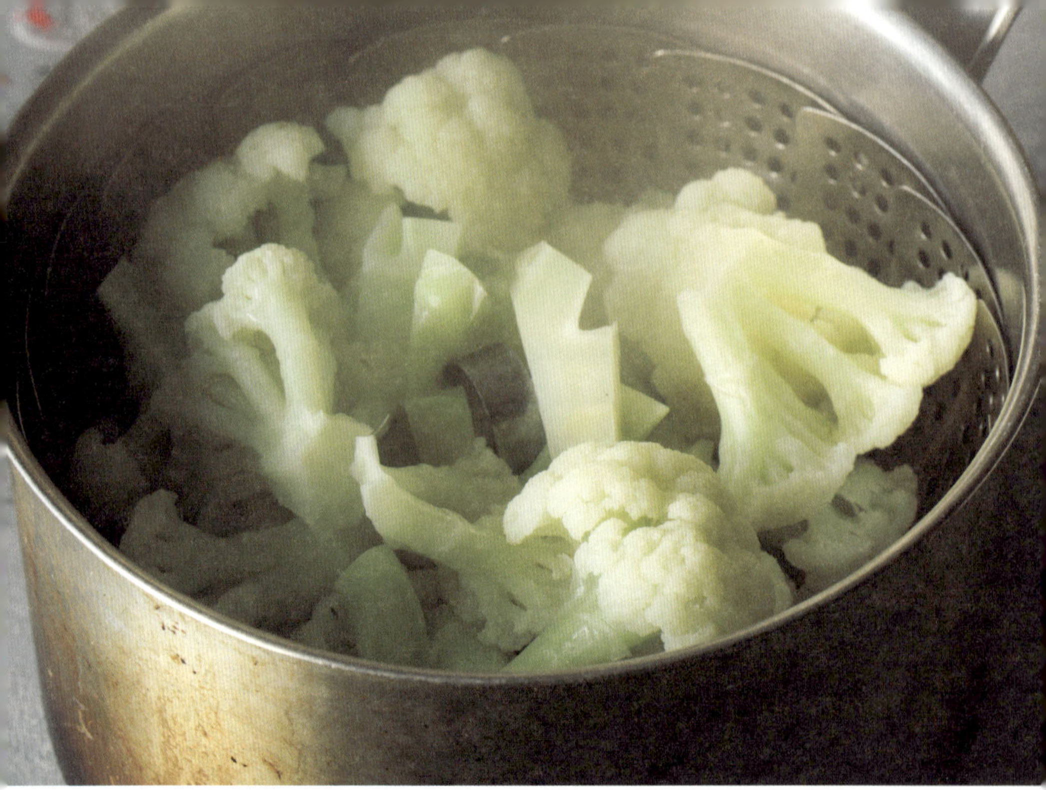

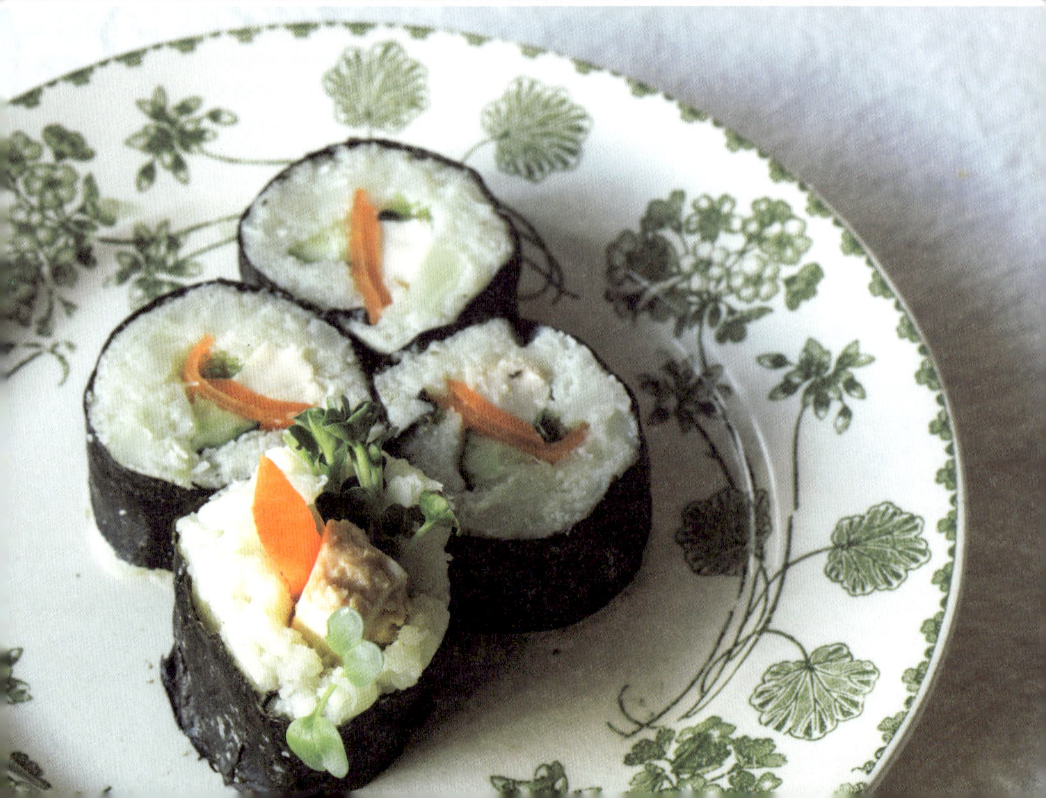

## カリフラワーロール

蒸したカリフラワーを酢飯代わりにしたヘルシーロール！

●材料（1本分）
カリフラワー…150g（正味）
きゅうり…1/3本
かいわれ大根…1/4パック
サーモンMODOKI…4～5切れ（p.22参照）
豆腐クリームチーズ…50g（下記参照）
寿司酢…小さじ1（p.13参照）
全型のり…2枚（縦21×横19cm）

●作り方
1 カリフラワーは茎を切り落としてひと口大に切る。きゅうりは縦に6等分、豆腐クリームチーズは1cm角の棒状に切る。
2 沸騰した蒸し器にカリフラワーを入れ、1分ほど強火で蒸す。
3 2をフードプロセッサーにかけて米粒くらいの大きさに砕き、寿司酢を加えて混ぜ合わせる。カリフラワーを酢飯代わりにしてのりの上に広げ、きゅうりとかいわれ大根、サーモンMODOKI、豆腐クリームチーズをのせて巻く。
4 巻き上がったらさらにのりをもう1重巻く。巻いたらすぐに好みの大きさに切る。

**POINT**
・のりはカリフラワーの水分で破れやすいので2重にする。

## 豆腐クリームチーズ

●材料（作りやすい分量）
絹ごし豆腐…300g
白味噌…30g
米味噌…60g

●作り方
1 絹ごし豆腐は軽く水気をきり、3等分に切ってからザルなどにのせ、数時間冷蔵庫で水きりする。
2 1をひとつずつペーパータオルで包み、周りに白味噌と米味噌を混ぜ合わせたものを塗る。
3 2を清潔な密閉容器に入れ、冷蔵庫で5日～1週間ほど寝かせる（ペーパータオルを外し、冷蔵庫で10日間保存可能）。

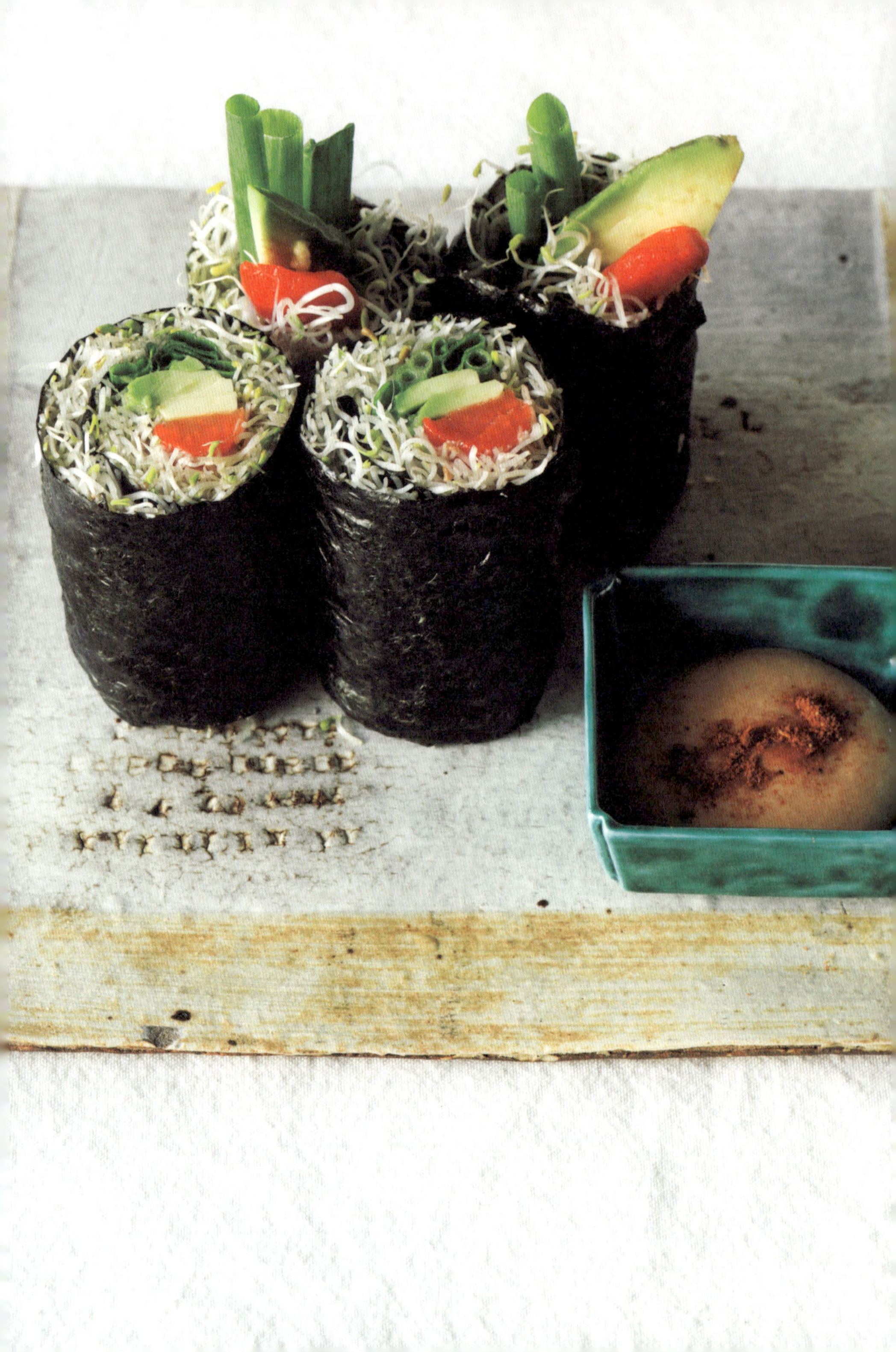

## アルファルファロール

シャキシャキのアルファルファと濃厚なアボカドの組み合わせ。

●材料（1本分）
アルファルファ…30g
アボカド…50g
パプリカ（赤）…30g
わけぎ…2本
全型のり…1枚（縦21×横19cm）
スパイシーマヨネーズ…適宜（下記参照）

●作り方
1 アボカドとパプリカは縦に5mm幅に切り、わけぎはのりの幅に合わせて切る。
2 アルファルファを酢飯代わりにしてのりの上に広げ、アボカドとパプリカ、わけぎをのせて巻く。巻き終わりに水を塗ってくっつける。
3 2分ほど落ち着かせてから好みの大きさに切り、好みでスパイシーマヨネーズをつけていただく。

**POINT**
・アルファルファから水分が出ないように
　中に巻く具は味つけしてない野菜が適している。


## スパイシーマヨネーズ

●材料（作りやすい分量）
精進TOFUマヨネーズ…50g (p.22参照)
パプリカパウダー…小さじ1/2弱
ガーリックパウダー…小さじ1/4
クミンシードパウダー…小さじ1/8
カイエンペッパー…小さじ1/8
塩…小さじ1/4

●作り方
すべての材料をよく混ぜ合わせる（清潔な瓶に入れ、冷蔵庫で10日間保存可能）。

手綱ロール

市松ロール

## 手綱ロール

スライスしたきゅうりとアボカド、ネタMODOKIをのり代わりに。

●材料(1本分)
きゅうり…1/2本
アボカド…1/6個
まぐろMODOKI…4切れ (p.19参照)
サーモンMODOKI…4切れ (p.22参照)
精進TOFUマヨネーズ…適量 (p.22参照)
パセリ…適量

●準備
・キヌア入り酢飯を少し多めに180g準備する (p.13参照)。

●作り方
1 きゅうりとアボカドは縦に薄切りにする。
2 巻きすの上にラップをのせ、きゅうり、アボカド、まぐろMODOKI、サーモンMODOKIの順に斜めにのせる (写真A)。
3 2の上に棒状にキヌア入り酢飯をのせ (写真B)、ラップを巻き込まないように注意しながら巻く。
4 皿に移して精進TOFUマヨネーズをかけ、みじん切りにしたパセリをふる。

POINT
・キヌア入り酢飯はある程度棒状にしてからのせると、巻きやすい。

## 市松ロール

酢飯も具材もエッジを出した四角形にして、
きれいな模様を出します。

●材料(2本分)
厚揚げ…100g
たくあん…100g(p.107参照)
全型のり…2枚(縦21×横19cm)
紅白ガリ…適宜(p.106参照)

●準備
・好みの酢飯を少し多めに160g準備する(p.13参照)。

●作り方
1　厚揚げとたくあんは1cm角のきれいな棒状に切る。
2　巻きすの上にのりをのせ、手前を空けずにのりの端に合わせるように厚揚げを置き、隣は同じ幅で酢飯40gを棒状に置く。
3　2の厚揚げの上には酢飯40g、酢飯の上には厚揚げが来るように交互に重ね、手で四角になるように形を整える。
4　巻きすを角と辺がきれいに出るように巻き、巻きすの上からさらに形を整える。
5　2分ほど落ち着かせてから好みの大きさに切る。たくあんも同様に巻いて切る。好みで紅白ガリを添える。

POINT
・玉子MODOKI(p.29参照)を具材にするのもおすすめ。

# 手巻きパーティー

いろんな野菜とフルーツ、酢飯、ソースを
テーブルいっぱいに並べたら、思い思いに巻くだけです。

手巻きのレシピ→p.64参照
ディップソースのレシピ→p.65参照

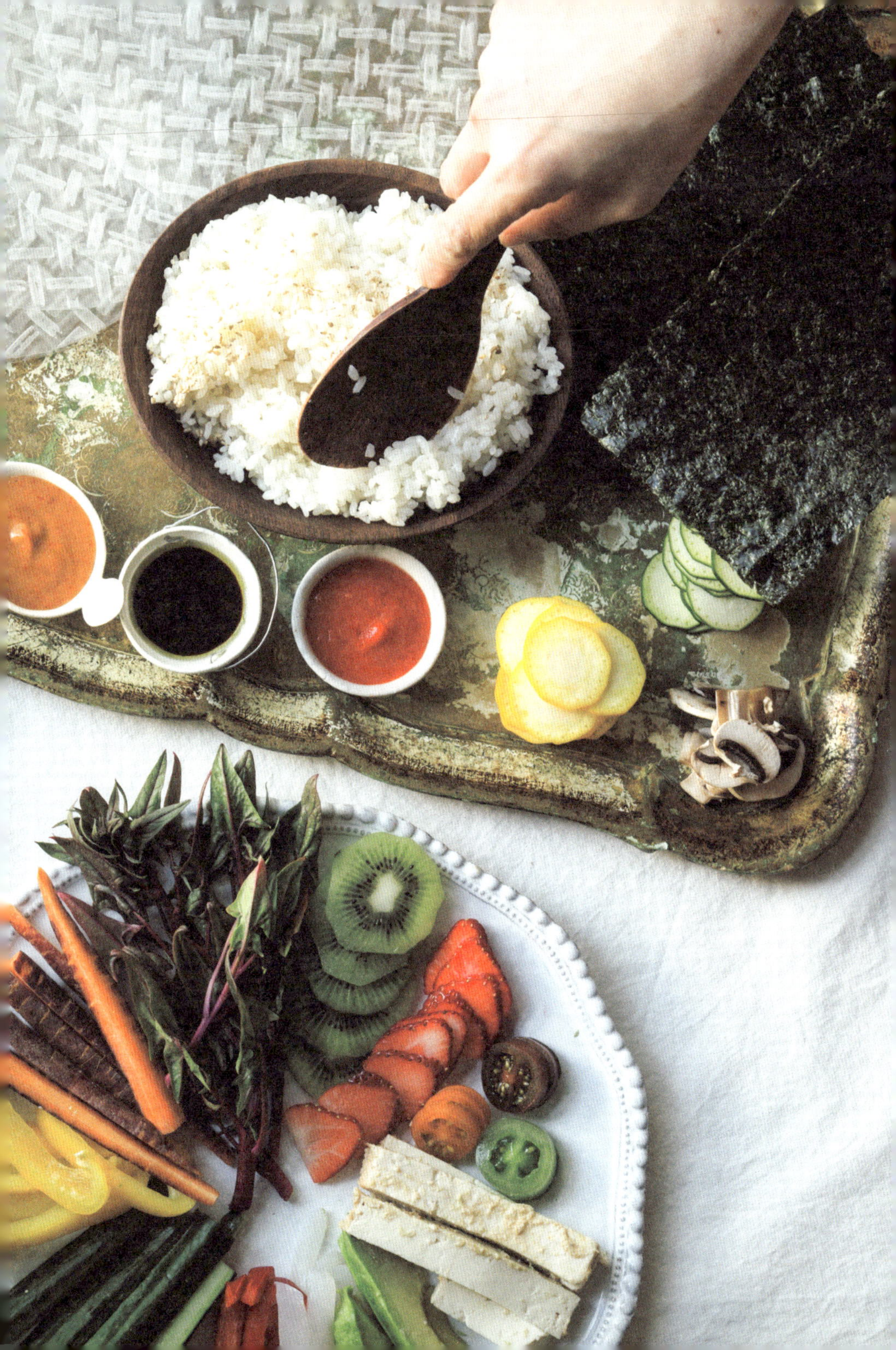

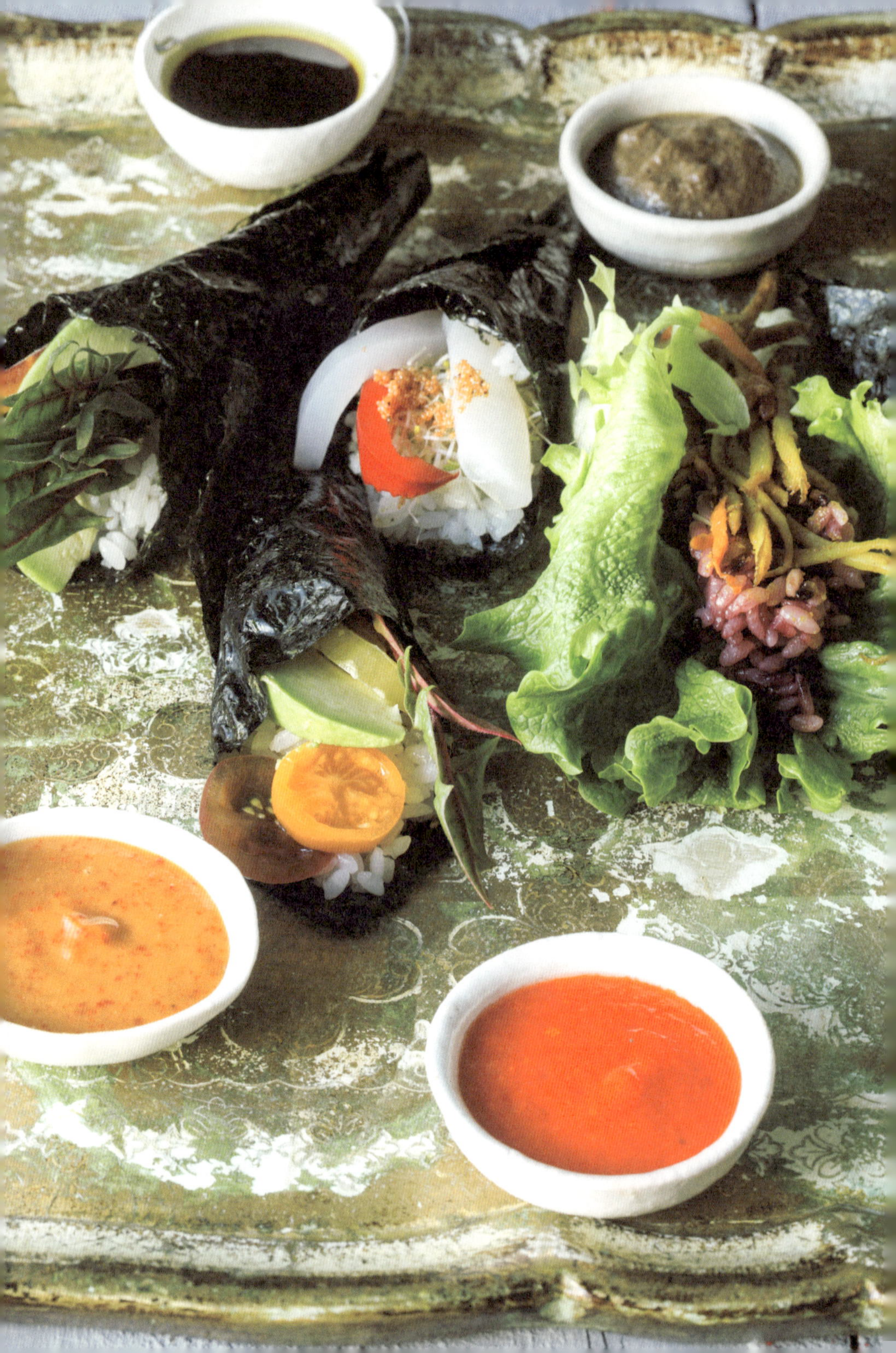

手巻きパーティー

手巻きパーティー

## レシピ

●材料（人数によって調整してください）
酢飯…目安は600gで2〜3人分（p.13参照）
のり、ライスペーパー、好みの葉野菜…各適量
ディップソース…適量（右頁参照）
好みの具材
　野菜…適量
　　生で食べられる野菜をスティック状や薄切りにする。アルファルファやもやしなどを酢飯代わりにして巻いてもよい。
　フルーツ…適量
　　いちごやキウイフルーツ、マンゴーなどが酢飯に合う。
　豆腐クリームチーズ…適量（p.53参照）
　アスパラガスのレモンソテー…全量（下記参照）
　カレー風味きんぴら…全量（下記参照）

## 楽しみ方

のりや葉野菜、ライスペーパーで好きなように具材を巻き、ディップソースは巻くときに中に入れたり、つけたりしながらいただく。ライスペーパーで巻いてみると、中の具が透けてかわいく、葉野菜で巻くとサラダ感覚で食べられる。

### POINT
・ライスペーパーはくっつきやすいので、水にくぐらせたら水で濡らしたペーパータオルの上で巻くとよい（写真右）。

## アスパラガスのレモンソテー

●材料（作りやすい分量）
グリーンアスパラガス…5本
レモン果汁…大さじ1/2
クミンシードパウダー…小さじ1/8
オリーブオイル…大さじ1
塩…小さじ1/4
黒こしょう…適量

●作り方
1　グリーンアスパラガスは下部のかたい部分を切り落とし、半分に切る。
2　フライパンにオリーブオイルを中火で熱し、1を炒める。
3　焼き色がついたら弱火にし、レモン果汁とクミンシードパウダーを加えて炒め合わせ、塩、黒こしょうで味を調える。

## カレー風味きんぴら

●材料（作りやすい分量）
ごぼう…150g
にんじん…70g
カレー粉…小さじ2
薄口しょうゆ…大さじ1
みりん…大さじ1
ごま油…大さじ1

●作り方
1　ごぼうとにんじんは細くせん切りにする。
2　フライパンにごま油を中火で熱し、1を炒める。
3　しんなりしてきたらカレー粉、薄口しょうゆ、みりんを加え、水分を飛ばすように中強火で炒める。

# ディップソース

ソースを何種類か準備しておくと何通りもの楽しみ方ができます。

## メープルバルサミコソース

● 材料（作りやすい分量）
メープルシロップ（ダーク）…大さじ1
バルサミコ酢…大さじ1と1/2
濃口しょうゆ…大さじ1と1/2
オリーブオイル…大さじ1

● 作り方
すべての材料を混ぜ合わせる（清潔な瓶に入れ、常温で半年間保存可能）。

## 韓国風甘辛味噌

● 材料（作りやすい分量）
米味噌…40g
にんにく…1片
しょうが…にんにくと同量
メープルシロップ（ダーク）…大さじ1
ごま油…大さじ1
一味唐辛子…小さじ1
水…大さじ1

● 作り方
にんにくとしょうがはすりおろし、残りの材料と混ぜ合わせる（清潔な瓶に入れ、冷蔵庫で2週間保存可能）。

## タプナードソース

● 材料（作りやすい分量）
黒オリーブ（種抜き）…60g
ケーパー…15g
長ひじき（乾燥）…3g
オリーブオイル…大さじ2
薄口しょうゆ…大さじ1
レモン果汁…小さじ2
水…大さじ1
塩…少々

● 作り方
1 長ひじきは水で戻し、水気をきる。
2 1と残りの材料をフードプロセッサーに入れ、滑らかになるまで混ぜる（清潔な瓶に入れ、冷蔵庫で5日間保存可能）。

## シラチャーソース

● 材料（作りやすい分量）
パプリカ（赤）…100g（正味）
にんにく…2片
ホールトマト缶…50g
薄口しょうゆ…小さじ2
りんご酢…小さじ2
メープルシロップ（ダーク）…小さじ1
塩…小さじ1
カイエンペッパー…小さじ1/2

● 作り方
1 パプリカはまぐろMODOKI（p.19参照）の要領で皮をむく。
2 1と残りの材料をフードプロセッサーに入れて、滑らかになるまで混ぜる（清潔な瓶に入れ、冷蔵庫で1週間保存可能）。

# CHIRASHI

【 ちらし寿司 】
大皿に盛ってサーブします。
好きなように取り分けて楽しんでください。

五目ちらしMODOKI

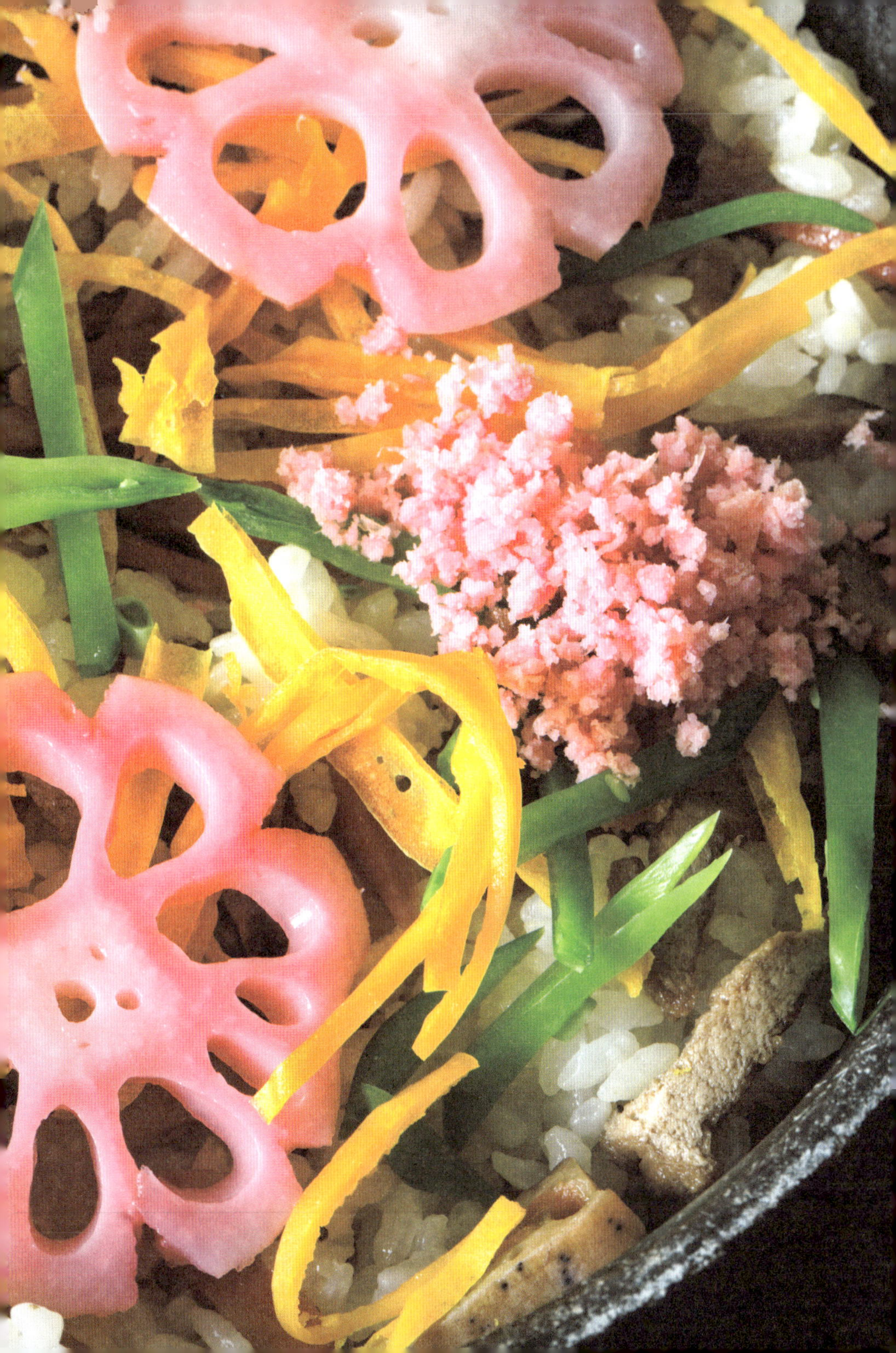

# 五目ちらしMODOKI

玉子焼きや絹さや、れんこんで彩りよく！
お祝いごとのメイン料理にもぴったりです。

●材料（4人分）
五目ちらしの具…全量（下記参照）
錦糸玉子MODOKI…適量（下記参照）
桜でんぶMODOKI…適量（下記参照）
梅酢れんこん…3～4枚（下記参照）
絹さや…5枚

●作り方
1 具材をそれぞれ作り、絹さやはさっと湯がいて斜め薄切りにする（写真右）。
2 ボウルに酢飯と五目ちらしの具を入れ、混ぜる。
3 皿に2を盛り、1を散らす。

●準備
・酢飯600gを準備する（p.13参照）。

## 五目ちらしの具

●材料（酢飯600g分）
れんこん…100g
にんじん…50g
しいたけ…30g
油揚げ…1/2枚
精進出汁…100ml（p.101参照）
しょうゆ…大さじ2
みりん…大さじ2

●作り方
1 れんこんは半月切り、にんじんはせん切り、しいたけは薄切り、油揚げは縦半分に切ってから細切りにする。
2 すべての材料を鍋に入れ、水気が少なくなるまで弱火で煮詰める。

## 桜でんぶMODOKI

●材料（作りやすい分量）
生おから…100g
いちご…50g
みりん…大さじ2
てんさい糖…大さじ1
酒…大さじ1
塩…小さじ1/8

●作り方
1 いちごはヘタを取る。生おから以外の材料をフードプロセッサーにかける。
2 1と生おからをフライパンに入れ、おからがポロポロになるまで弱火で炒る。

## 錦糸玉子MODOKI

●材料（作りやすい分量）
かぼちゃ…50g（正味）
米粉…大さじ2と1/2
片栗粉…大さじ1
水…60ml
塩…ひとつまみ

●作り方
1 かぼちゃは皮をむいて種を除き、小さく切って蒸し器でやわらかくなるまで蒸す。
2 1と残りの材料をフードプロセッサーに入れ、滑らかになるまで混ぜる。
3 オーブン用シートに薄く広げ、180℃に温めたオーブンに入れて7～8分焼く。
4 粗熱が取れたら、包丁で細切りにする。

## 梅酢れんこん

●材料（作りやすい分量）
れんこん…50g
赤梅酢…大さじ2
みりん…大さじ1

●作り方
1 れんこんは3～4mm厚さの輪切りにし、外側に切り込みを入れて花の形にする。
2 1と残りの材料を鍋に入れ、中火でひっくり返しながら食感が残る程度に煮る。

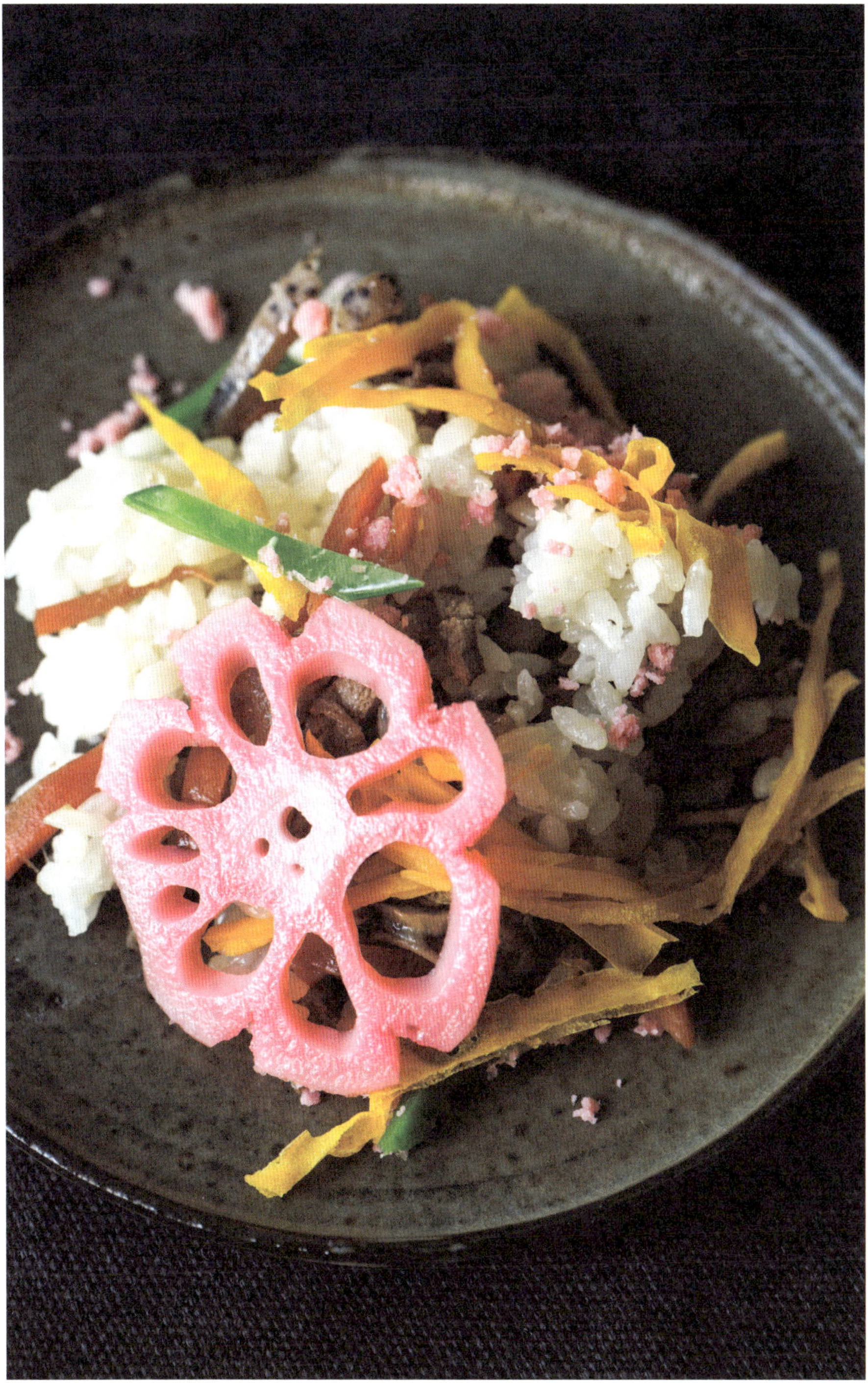

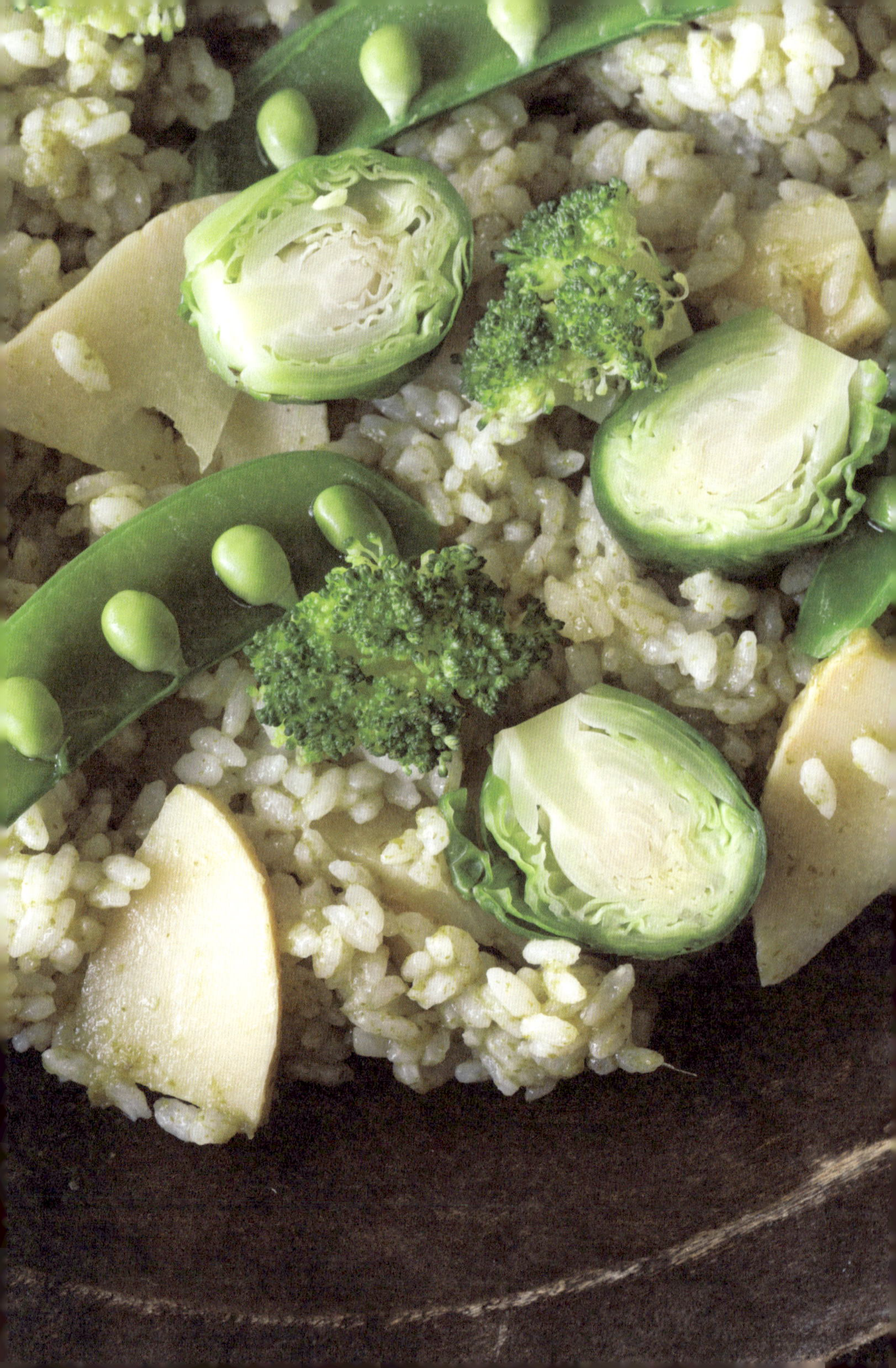

# グリーンちらし

**緑の野菜をちりばめて！ 山菜を使うのも、おすすめです。**

● 材料（4人分）
せり…120g
たけのこ（水煮）…100g
ブロッコリー…80g
スナップえんどう…5個
芽キャベツ…3個
寿司酢…50ml（p.13参照）
塩…小さじ1/4
薄口しょうゆ…大さじ1/2

● 準備
・炊き立てのご飯2合分を準備する。

● 作り方
1 せりは強火でさっと湯がいて水気をきり、寿司酢と塩とともにフードプロセッサーにかける。
2 たけのこは3〜4mm厚さの食べやすい大きさに切る。水50ml（分量外）と薄口しょうゆとともに鍋に入れ、水気が少なくなるまで弱火で煮詰める。
3 ブロッコリーとスナップえんどう、芽キャベツは食感が残る程度に塩少々（分量外）を入れた湯で茹でる。
4 ボウルに炊き立てのご飯と1、2を入れ、粘り気が出ないようにしゃもじで切るように混ぜ合わせる。
5 皿に4を盛り、好みの大きさに切った3を散らす。

**POINT**
・せりが手に入らない場合は、パセリを使ってもよい。

海鮮ちらし

サラダちらし

## 海鮮ちらしMODOKI

海鮮MODOKIを使って、本物顔負けの華やかさです。

●材料（4人分）
まぐろMODOKI… 2切れ（p.19参照）
サーモンMODOKI… 2切れ（p.22参照）
ほたてMODOKI… 2切れ（p.23参照）
あわびMODOKI… 2切れ（p.23参照）
いかMODOKI… 2切れ（p.25参照）
とびこMODOKI…適量（p.35参照）
青じそ… 5枚
大根…適量
炒りごま（白）…小さじ1/2
わさび…適量
紅白ガリ…適宜（p.106参照）

●準備
・酢飯600gを準備する（p.13参照）。

●作り方
1 海鮮MODOKIは食べやすい大きさに切り、青じそはせん切りにする。大根はスライサーで薄切りにし、細くせん切りにする。
2 皿に酢飯を盛り、1をのせ、炒りごまを散らす。青じそ1枚（分量外）の上にわさびと好みで紅白ガリを添える。

**POINT**
・刻みのりを散らしてから具をのせると、さらに風味がよくなる。
・食べるときはしょうゆにわさびを溶き、全体に回しかける。

# サラダちらし

ドレッシングでいただく、サラダ感覚のお寿司です。

●材料（4人分）
パプリカ（赤・黄）…各60g
きゅうり…80g
紅芯大根（大根でも）…適量
葉野菜（クレソンやベビーリーフなど）…適量
紫キャベツスプラウト…適量
寿司酢…50ml（p.13参照）
ヴィーガンシーザードレッシング…適量（下記参照）

●準備
・炊き立てのキヌア入りご飯2合分を準備する。

●作り方
1　パプリカときゅうりは1cmの角切りにし、寿司酢に数時間漬ける。
2　紅芯大根はスライサーで薄切りにし、細くせん切りにする。
3　ボウルに炊き立てのキヌア入りご飯と1を寿司酢ごと入れ、粘り気が出ないようにしゃもじで切るように混ぜ合わせる。
4　3を皿に盛り、葉野菜と紫キャベツスプラウトを散らし、2をのせる。食べる直前にヴィーガンシーザードレッシングをかけていただく。

POINT
・好みの葉野菜、ハーブをサラダのように散らす。
・黒オリーブや海藻をトッピングするのもおすすめ。

## ヴィーガンシーザードレッシング

●材料（作りやすい分量）
精進TOFUマヨネーズ…50g（p.22参照）
レモン果汁…大さじ1
メープルシロップ（ライト）…小さじ1/2
ガーリックパウダー…小さじ1/4
塩…小さじ1/2
黒こしょう…適量

●作り方
すべての材料をよく混ぜ合わせる（清潔な瓶に入れ、冷蔵庫で1週間保存可能）。

# INARI

【 いなり寿司 】

油揚げや茹でた野菜で酢飯を包みます。
お弁当やお持ち寄りパーティーにも喜ばれます。

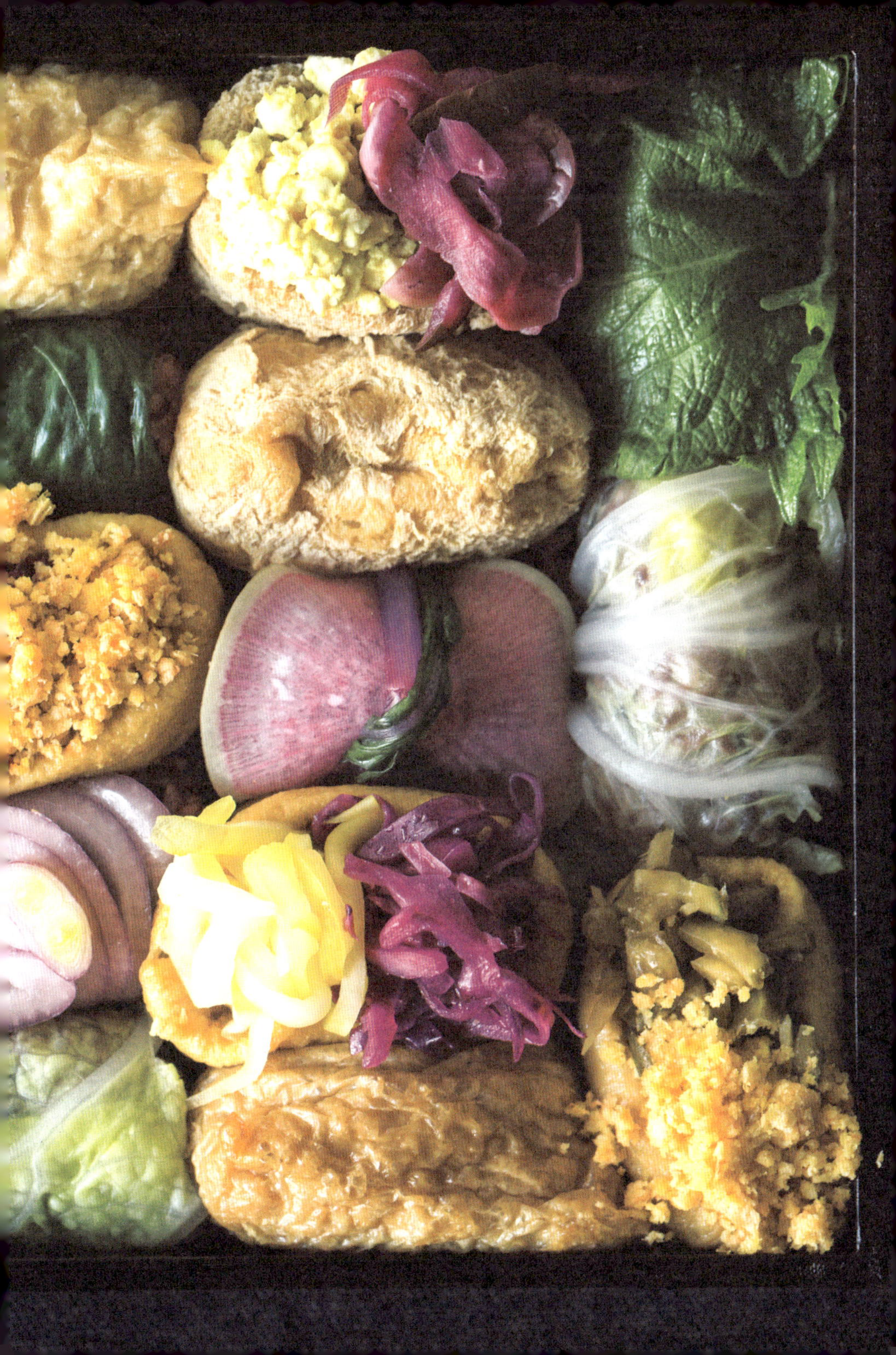

# 〈油揚げの煮方＆開き方〉

前日に作っておくと便利です。
しっかり油抜きしてから煮ていきます。

● 煮方＆開き方
1 沸騰した湯に油揚げを入れ、5分ほど茹でて油抜きする。ザルに上げ、粗熱が取れたら両手で挟むようにして水気をきる。
2 半分に切り、レシピの材料とともに鍋に入れ、落としブタをして弱火で煮る。水分がほぼなくなるまで煮詰め、火を止めて粗熱を取る。
3 煮汁を軽く絞ってまな板に置き、菜箸を転がして開きやすくする。
4 破れないように油揚げをそっと開く。

# 〈酢飯の詰め方〉

酢飯は軽く握ってから詰めます。
油揚げはお好みで裏返して使っても。

● 準備
・小さいボウルに手酢（水：酢＝1：1）を用意し、
　手を浸してよく湿らせる。

● 詰め方
俵形に軽く握った酢飯（約30g）を油揚げの中に入れ、ふちを
重ねるように閉じて包む。

POINT
・油揚げに酢飯を入れてから親指で真ん中を押して凹みを作ると、食べるときにふんわりとした食感になる。

しそひじきいなり

ガリごまいなり

## しそひじきいなり

しそが香るいなり寿司は上品な味わいです。

●材料（8個分）
油揚げ…4枚
ストレートりんごジュース
　　…200ml
精進出汁しょうゆ
　　…大さじ2（p.27参照）
みりん…大さじ2
しそひじき…全量（下記参照）
紅白ガリ…適宜（p.106参照）

●準備
・酢飯を準備する（p.13参照）。

●作り方
1　油揚げは沸騰した湯に入れて5分ほど茹でて油抜きし、半分に切る。ストレートりんごジュースと精進出汁しょうゆ、みりんとともに鍋に入れ、落としブタをする。弱火で煮詰めたら火を止め、粗熱を取る。
2　ボウルに酢飯としそひじきを入れて混ぜる（写真左）。
3　油揚げの煮汁を軽く絞って広げ、8等分にして俵形に軽く握った2を包む。
4　皿に盛り、好みで紅白ガリを添える。

POINT
・油揚げをりんごジュースで煮ることで酢飯に合う、甘酸っぱく、ジューシーなお揚げになる。

## しそひじき

●材料（いなり寿司8個分）
芽ひじき（乾燥）…5g
青じそ…5枚
炒りごま（白）…小さじ2
みりん…50ml
赤梅酢…大さじ2
濃口しょうゆ…大さじ1/2

●作り方
1　芽ひじきは水で戻し、水気をきる。
2　1とみりん、赤梅酢、濃口しょうゆを鍋に入れ、混ぜながら水分がなくなるまで煮詰め、火を止める。
3　せん切りにした青じそと炒りごまを加えて混ぜる。

POINT
・しそひじきは酢飯に混ぜるだけでなく、おにぎりの具やご飯のおともにもおすすめ。

## ガリごまいなり　　食欲を誘うガリとごまを酢飯に混ぜ込みます。

●材料（8個分）
油揚げ…4枚
ストレートオレンジジュース…200ml
精進出汁しょうゆ…大さじ2（p.27参照）
みりん…大さじ2
紅白ガリ…50g（p.106参照）
炒りごま（白）…小さじ2

●準備
・酢飯を準備する（p.13参照）。

●作り方
1　油揚げは沸騰した湯に入れて5分ほど茹でて油抜きし、半分に切る。ストレートオレンジジュースと精進出汁しょうゆ、みりんとともに鍋に入れ、落としブタをする。弱火で煮詰めたら火を止め、粗熱を取る。
2　ボウルに酢飯とせん切りにした紅白ガリ、炒りごまを混ぜる（写真A）。
3　油揚げの煮汁を軽く絞って広げて裏返し（写真B）、8等分にして俵形に軽く握った2を包む。

POINT
・油揚げをオレンジジュースで煮て、柑橘の爽やかな味を染み込ませると甘ったるくない、すっきりとしたお揚げになる。
・そのまま食べても、好みでからしじょうゆをつけて食べても美味しい。

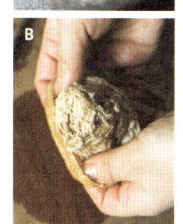

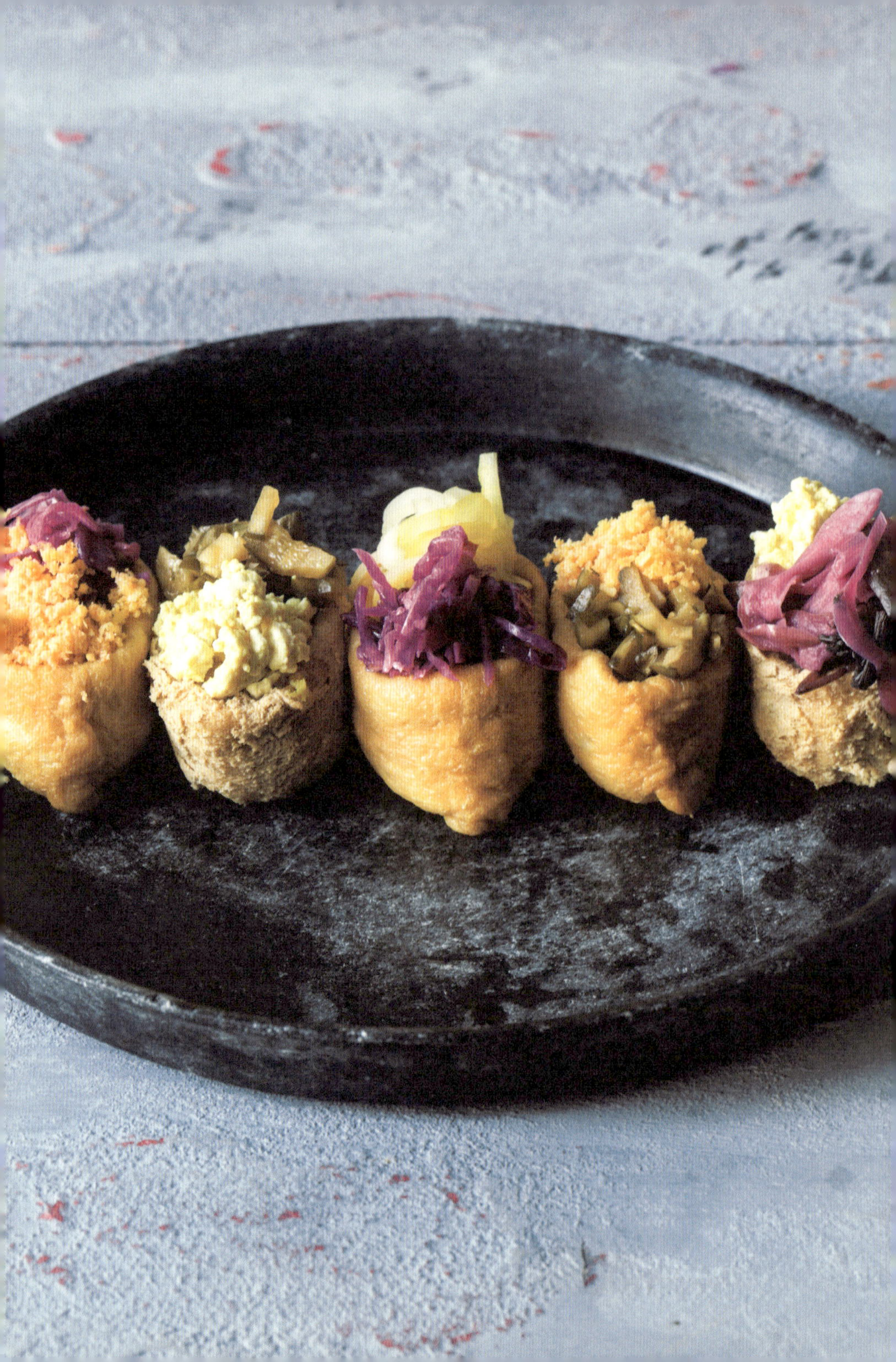

# オープンいなり

いろんな具材をのせ、華やかないなり寿司に仕上げます。

●材料（8個分）
油揚げ…4枚
精進出汁…180ml（p.101参照）
精進出汁しょうゆ…大さじ2（p.27参照）
みりん…大さじ2
鮭フレークMODOKI…適量（下記参照）
炒り玉子MODOKI…適量（下記参照）
たくあん…適量（p.107参照）
きゅうりのきゅーさん…適量（p.107参照）
しば漬け…適量（p.107参照）

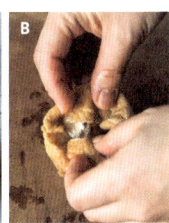

●準備
・酢飯を準備する（p.13参照）。

●作り方
1 油揚げは沸騰した湯に入れて5分ほど茹でて油抜きし、半分に切る。精進出汁と精進出汁しょうゆ、みりんとともに鍋に入れ、落としブタをする。弱火で煮詰めたら火を止め、粗熱を取る。
2 鮭フレークMODOKIと炒り玉子MODOKIを作り（写真A）、たくあんときゅうりのきゅーさん、しば漬けはせん切りにする。
3 油揚げの煮汁を軽く絞って広げ、8等分にして俵形に軽く握った酢飯を詰める。油揚げのふちを1.5cm程度内側に折り込み（写真B）、2を彩りよくのせる。

### POINT
・見た目がちょっと地味ないなり寿司も、具材をトッピングすると華やかになる。
・酢飯に炒りごまや青じそを刻んだものを詰めたり、玄米や雑穀入りの酢飯にしても。

## 鮭フレークMODOKI

●材料（作りやすい分量）
生おから…100g
にんじん…80g
亜麻仁油…大さじ1
酒…大さじ1
塩…小さじ3/4

●作り方
1 にんじんはすりおろし、亜麻仁油以外の材料とともにフライパンに入れ、焦がさないように弱火で炒る。
2 そぼろ状になってきたら火を止め、粗熱が取れたら亜麻仁油を加えて混ぜる。

## 炒り玉子MODOKI

●材料（作りやすい分量）
木綿豆腐…200g
ターメリックパウダー…小さじ1/4
塩…小さじ1/4

●作り方
フライパンに手で崩した木綿豆腐とターメリックパウダー、塩を入れる。中強火で水分を飛ばしながらそぼろ状に炒る。

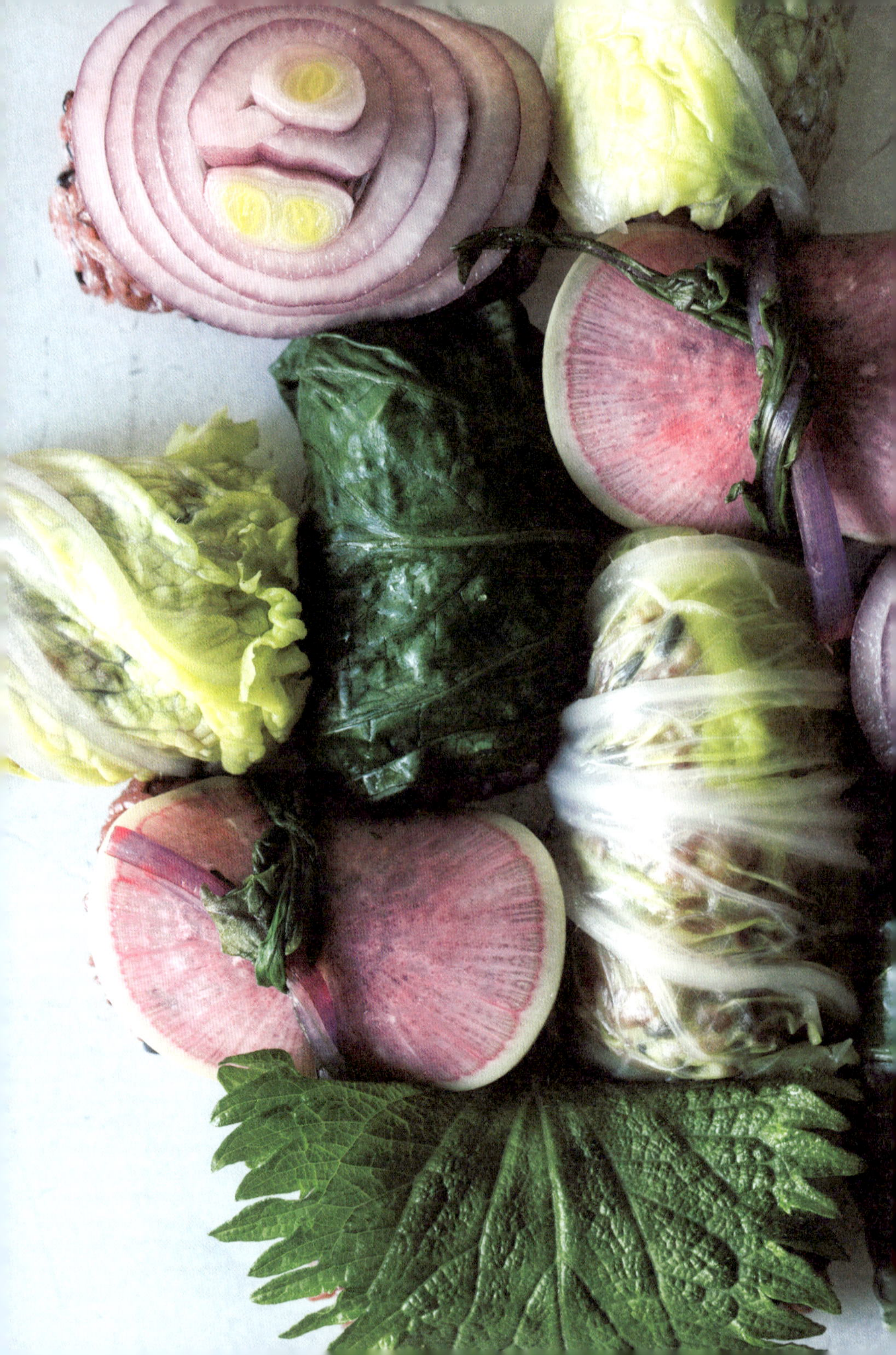

## ベジいなり

黒米を入れたピンクの酢飯と
爽やかな色合いの野菜を組み合わせます。

●材料（10個分）
小松菜の葉…2枚
白菜の葉…2枚
水菜（三つ葉でも）…2本
紫玉ねぎの輪切り（2mm厚さ）…2枚
紅芯大根の輪切り（2mm厚さ）…2枚
青じそ…2枚
寿司酢…大さじ1（p.13参照）
塩…適量

●準備
・黒米入り酢飯を少し多めに400g準備する（p.13参照）。

●作り方
1 鍋に湯を沸かして塩少々を入れ、小松菜と白菜の葉、水菜を5秒ほど湯がいて冷水に取る。粗熱が取れたらペーパータオルの上に広げて塩少々をふる。
2 紫玉ねぎと紅芯大根の輪切りはバットに並べて塩少々をふり、寿司酢をかけて10分ほど置く。
3 黒米入り酢飯を10等分にして俵形に握る。1や青じそで包んだり、2をのせたりし、紅芯大根をのせたものは水菜で飾り結びをする。

### POINT
・小松菜と白菜の葉は色よくするため、さっと湯がいて冷水で色止めする。
・小松菜と白菜はやわらかい葉の部分だけを使う。

【 押し寿司 】

押し寿司は冷蔵庫で少し置くと、
ネタと酢飯が馴染んで、
さらに美味しく仕上がります。

# CAKE

バッテラMODOKI

# バッテラMODOKI

厚揚げとのりでバッテラMODOKIを。食べ応えのある味わいです。

●材料（約20×15×5cmの箱型1台分）
厚揚げ…1枚
全型のり…1/2枚
片栗粉…小さじ2
菜種油…大さじ1
米酢…大さじ2
昆布…3cm
大根スライス…9〜12枚
塩…適量
わさび…適量
しば漬け…適宜（p.107参照）

●準備
・酢飯を400g準備する（p.13参照）。

●作り方
1 厚揚げは沸騰した湯に入れ、5分ほど茹でて油抜きする。半分の厚さにし、型の底に合わせて切る。
2 片栗粉は水大さじ1（分量外）で溶いて厚揚げの皮側の面に塗り、厚揚げよりひと周り大きく切ったのりを貼りつける。
3 フライパンに菜種油を弱火で熱し、2ののりを貼りつけた面から焼く。1分ほどしてのりがカリッとしたら裏返し、さらに1分ほど焼く。
4 3を小さいバットに移し、米酢と塩小さじ1をよく混ぜたものを上から回しかける。その上に昆布を置き、ラップを密着させて被せ、冷蔵庫で数時間置く。
5 大根スライスは塩少々をふり、しんなりさせる。
6 4を冷蔵庫から取り出してラップと昆布を外す（写真A）。型に酢飯を詰め、のりの面を上にして厚揚げをのせる（写真B）。大根スライスで全体を覆い、ラップを密着させて被せて冷蔵庫で1時間ほど休ませる。
7 6のラップを外し、切り分けて皿にのせ、わさびと好みでしば漬けを添える。

## POINT
・大根スライスは透けるような薄さにスライサーなどで極薄切りにする。
・好みの型で作ってよい。

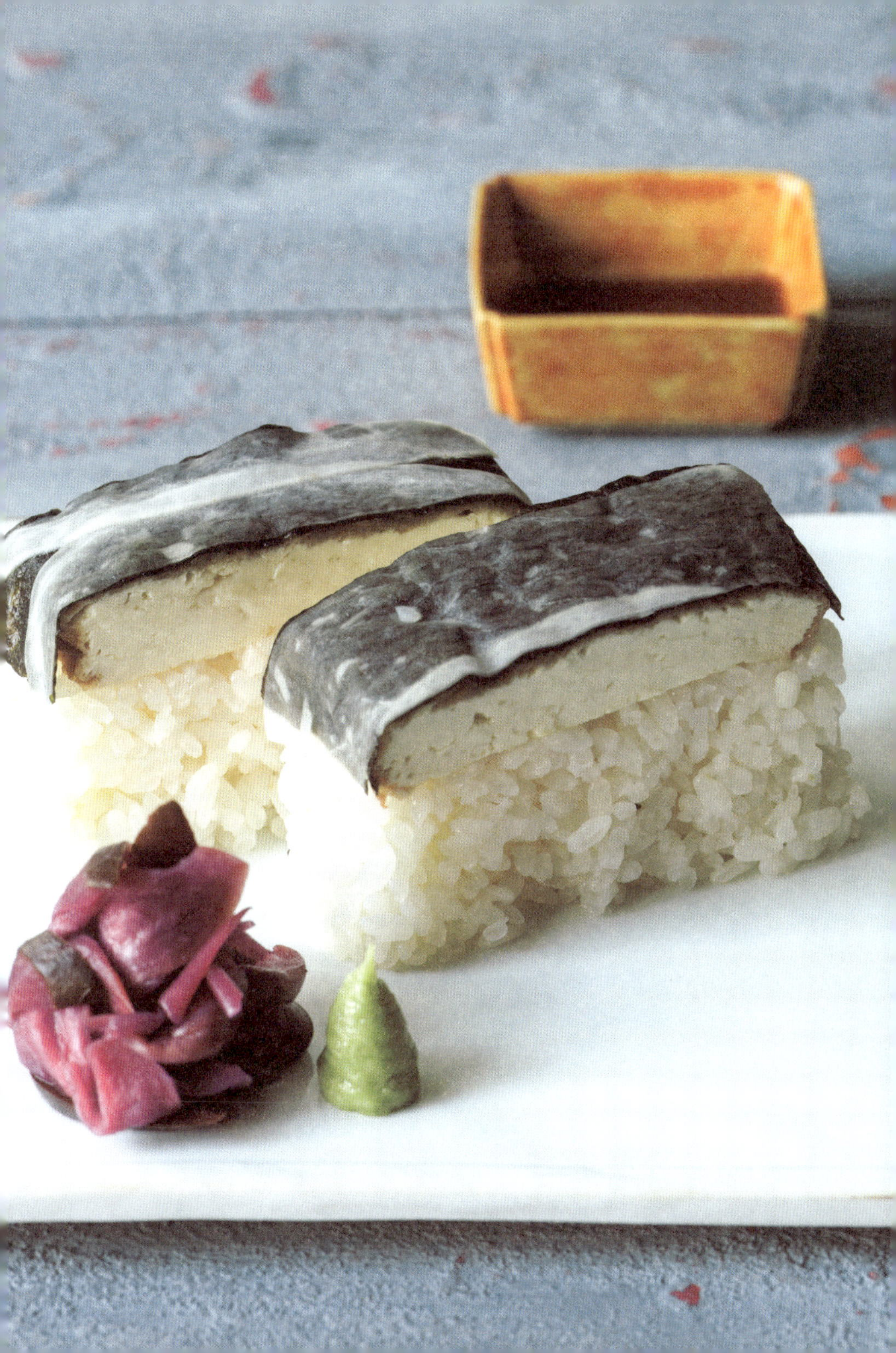

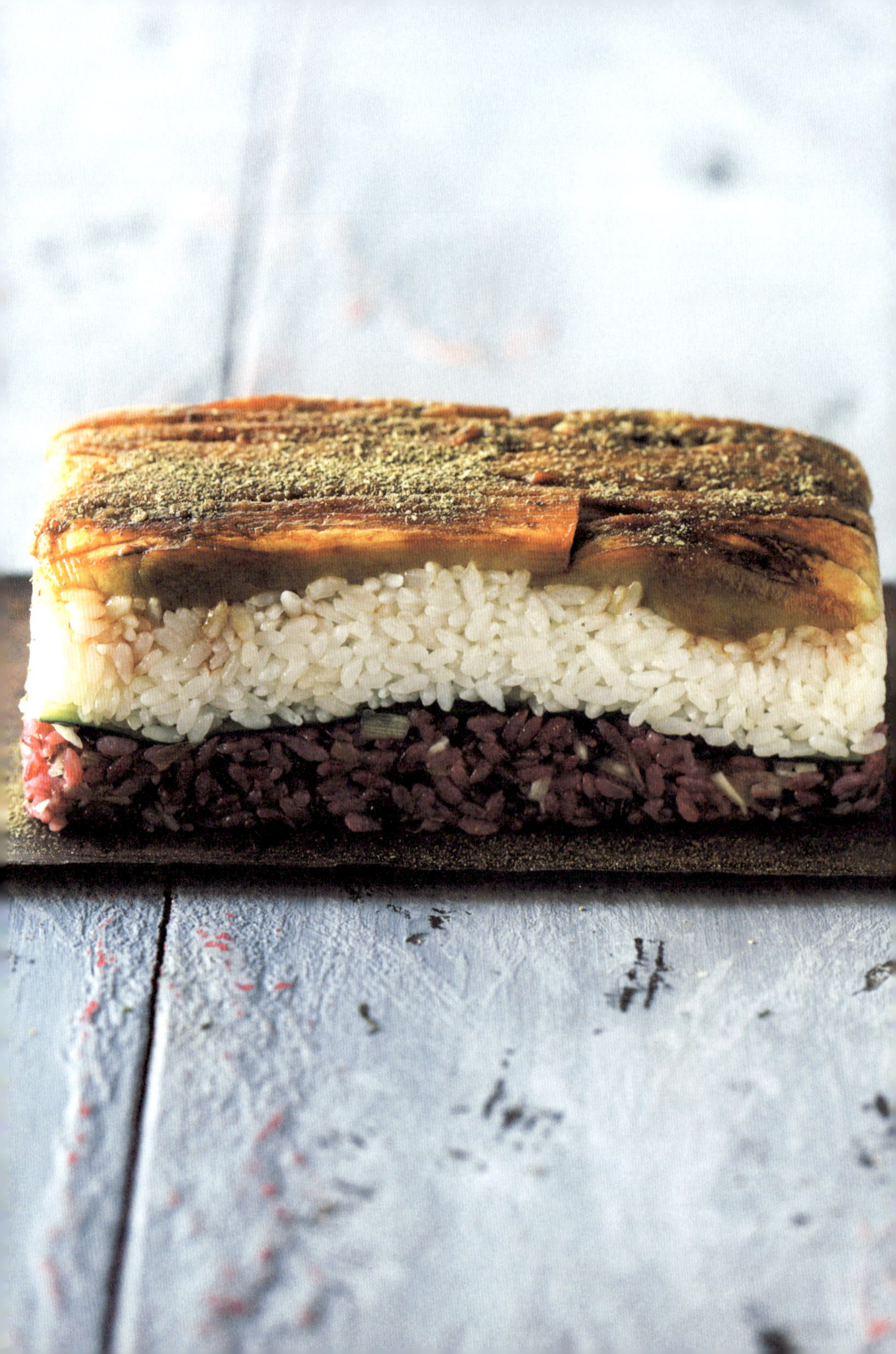

# 穴きゅうMODOKI

**隠れたきゅうりとみょうがが爽やかに香ります。**

●材料（約20×15×6cmのパウンド型1台分）
穴子MODOKI…4切れ（p.27参照）
きゅうり…1本
みょうが…20g
たれ
 ┌ 精進出汁しょうゆ…大さじ2（p.27参照）
 │ みりん…大さじ2
 │ てんさい糖…大さじ1
 └ 酒…大さじ1
塩…少々
山椒…適量

●準備
・普通の酢飯と黒米入り酢飯それぞれ150gを準備する（p.13参照）。

●作り方
1 たれの材料を小鍋に入れ、好みの濃さまで煮詰める。
2 きゅうりは縦に薄切りにし、塩をふってしんなりさせる。
3 みょうがは粗みじん切りにし、黒米入り酢飯と混ぜる。
4 型からはみ出すようにラップを敷き、穴子MODOKI、普通の酢飯、2のきゅうり、3の酢飯の順に詰める。上から全体をよく押し、ラップを密着させて被せ、冷蔵庫で1時間ほど置く。
5 型に皿を被せるようにのせてからひっくり返し、ラップを引っ張りながら型から外す。仕上げにたれを塗り、山椒をふる。

**POINT**
・きゅうりは透けるような薄さにスライサーなどで極薄切りにする。
・好みの型で作ってもよい。

デコレーションケーキMODOKI

カレー&バジル

## デコレーションケーキMODOKI

甘いものが苦手な方のバースデーケーキ代わりにどうぞ！

●材料（直径15cmの丸型 1 台分）
炒り玉子MODOKI…100g (p.87参照)
青のり…大さじ 1
ゆかり…小さじ 2
まぐろMODOKI…適量 (p.19参照)
いかMODOKI…適量 (p.25参照)
紅白ガリ…適量 (p.106参照)
大根…適量
青じそ…2 枚

●準備
・酢飯700gを準備する (p.13参照)。

●作り方
1 酢飯を200g、200g、300gに分け、それぞれに炒り玉子MODOKI、青のり、ゆかりを混ぜる。
2 1の酢飯を順に型に重ねて詰め、上からまな板などをのせて全体をよく押し、ラップを密着させて被せ、冷蔵庫で1時間ほど置く。
3 大根はスライサーで薄切りにし、細くせん切りにする。
4 型に皿を被せるようにのせてからひっくり返して型から外し、青じそと3、紅白ガリ、まぐろMODOKI、いかMODOKIを飾る。

POINT
・まぐろMODOKIと紅白ガリはバラのように飾ると、華やかになる。

## カレー&バジル

カレーとバジルが香る押し寿司は、白ワインにもよく合います。

● 材料（直径18cmのエンゼル型 1 台分）

A
- カレー粉…大さじ1
- 寿司酢…60ml (p.13参照)

B
- フレッシュバジル…30g
- 寿司酢…大さじ3 (p.13参照)
- オリーブオイル…大さじ1/2
- レモン果汁…小さじ 1
- 塩…小さじ1/4

ポキMODOKI
- まぐろMODOKI…100g (p.19参照)
- アボカド…1/2個
- 紫玉ねぎ…1/4個
- わかめ…50g
- 濃口しょうゆ…大さじ1/2
- ごま油…大さじ1/2
- 炒りごま（白）…小さじ1/2
- 塩…少々

長ねぎ…適量
わけぎ…適量

● 準備
・炊き立てのご飯2合を準備する。

● 作り方

1 Aはよく混ぜ合わせる。Bはフードプロセッサーに入れ、滑らかになるまでよく混ぜる。

2 炊き立てのご飯半量にAを混ぜ、カレー酢飯を作る。残りのご飯にBを混ぜ、バジル酢飯を作る。

3 2のカレー酢飯とバジル酢飯を1/3量ずつ交互に、好みの模様になるように型に重ねて詰める。上から全体をよく押し、ラップを密着させて被せ、冷蔵庫で1時間ほど置く。

4 ポキMODOKIを作る。まぐろMODOKIとアボカド、紫玉ねぎ、わかめを小さめのひと口大に切り、残りの材料とよく和える。

5 長ねぎは5cmほどの長さに切る。繊維に沿って中央まで切り込みを入れて中の芯を取り出し、せん切りにして氷水に浸す。

6 型に皿を被せるようにのせてからひっくり返して型から外し、真ん中の穴にポキMODOKIを盛り、水気をよくきった5と小口切りにしたわけぎを飾る。

**POINT**

・ポキMODOKIは水分が出るので、食べる直前にトッピングする。

# SOUP

【 飲み物 】

海鮮MODOKIで余った野菜や
昆布と干ししいたけで作った
ヴィーガン出汁を使って作ります。

## 精進おすまし

シンプルな精進出汁の旨みを楽しめます。

●材料（2人分）
精進出汁…500ml（右記参照）
塩…小さじ1/2
薄口しょうゆ…小さじ1
三つ葉…適量
ゆずの皮…適量
板麩…適量

●作り方
1 鍋に精進出汁を入れて中火にかける。鍋肌が沸騰してきたら塩と薄口しょうゆで味を調える。
2 器に2cm長さに切った三つ葉、ゆずの皮、板麩を入れ、熱い1を注ぐ。

## 精進出汁

●材料（作りやすい分量）
水…1ℓ
昆布…5cm
干ししいたけ…1枚

●作り方
清潔な瓶にすべての材料を入れ、冷蔵庫でひと晩置く（冷蔵庫で3日間保存可能）。

**POINT**
・精進出汁はほかのレシピにも使うので作っておくと便利。

---

## トマトの赤出汁

トマトと八丁味噌のハーモニー。

●材料（2人分）
精進出汁…400ml（上記参照）
ダイスカットトマト缶（トマトでも）
　…150g
玉ねぎ…1/4個
八丁味噌…大さじ2
わけぎ…適量

●作り方
1 鍋に精進出汁とトマト缶、薄切りにした玉ねぎを入れて中火にかける。
2 玉ねぎに火が通ったら味を見ながら八丁味噌を溶かす。器によそい、小口切りにしたわけぎをのせる。

## きのこの白出汁

きのこの風味が効いて奥深くなります。

●材料（2人分）
精進出汁…400ml（上記参照）
しめじ…80g
マッシュルーム（白）…4個
えのきだけ…50g
長ねぎ…30g
白味噌…大さじ3
パプリカ（赤）…適量

●作り方
1 鍋に精進出汁を入れて中火にかける。鍋肌が沸騰してきたら好みの大きさに切ったきのこ類と長ねぎを入れる。
2 野菜に火が通ったら白味噌を溶かす。器によそい、薄切りにしたパプリカをのせる。

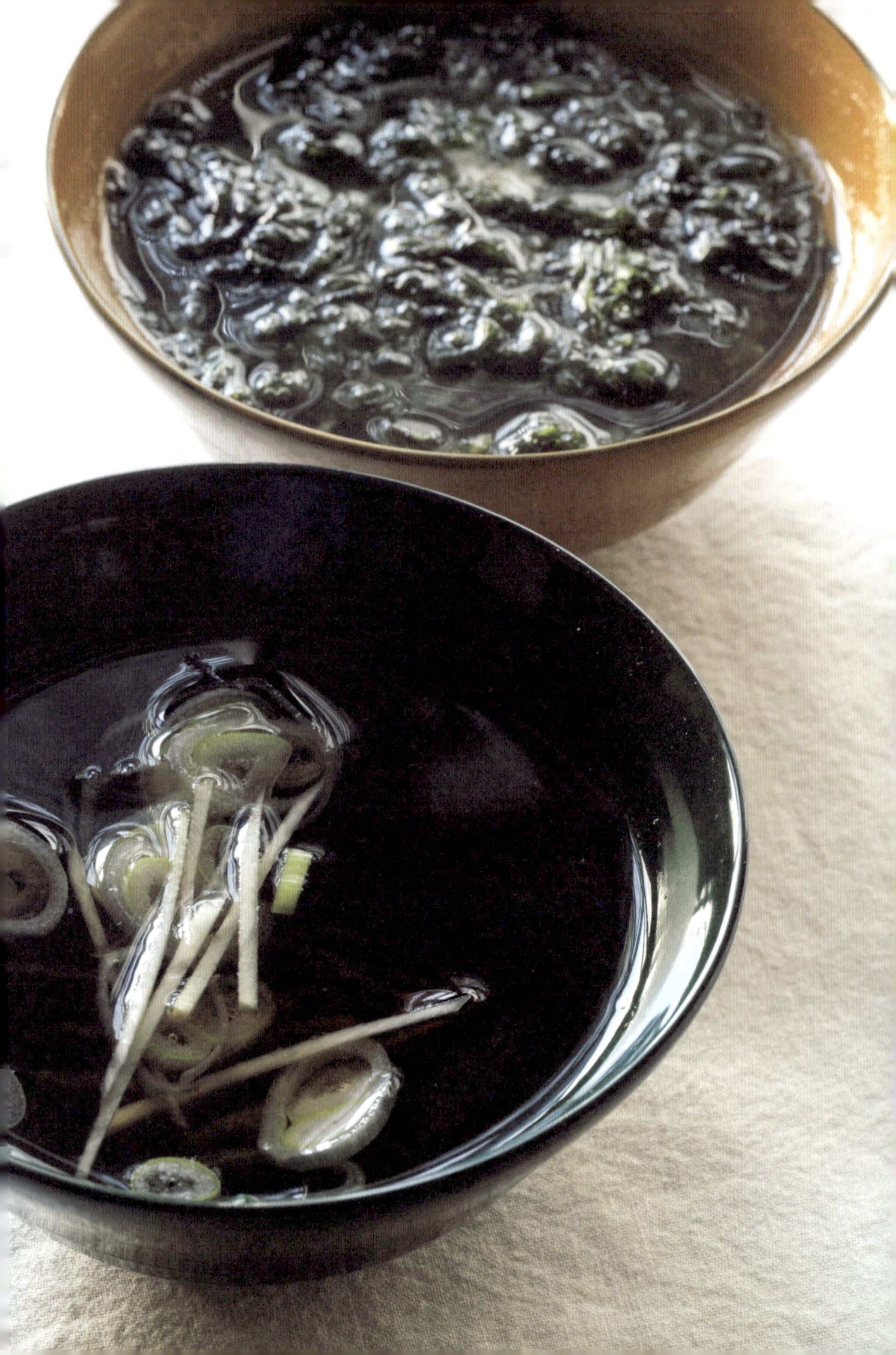

## 海と畑の味噌汁

野菜のくずを焼いて作った出汁と
海で採れるあおさのりを使って滋味深く。

●材料（2人分）
ローストベジブロス…400ml（下記参照）
米味噌…大さじ1と1/2
あおさのり…適量

●作り方
1 鍋にローストベジブロスを入れて中火にかけ、鍋肌が沸騰してきたら米味噌を溶かす。
2 器にあおさのりを入れ、熱い1を注ぐ。

POINT
・わかめやふのりを使うのもおすすめ。

「あおさのり」
海岸の岩にへばりついている海藻を乾燥させたもので、磯の香りが楽しめる。水で戻すと3～5倍に増えるので、少量使うのがコツ。

---

## 焼きアラ汁MODOKI

シンプルにねぎとしょうがを添えて。

●材料（2人分）
ローストベジブロス…400ml（下記参照）
酒…小さじ1/2
塩…小さじ1/2
しょうが…適量
長ねぎ…適量

●作り方
1 鍋にローストベジブロスを入れて中火にかける。鍋肌が沸騰してきたら酒と塩で味を調える。
2 器に細くせん切りにしたしょうがと小口切りにした長ねぎを入れ、熱い1を注ぐ。

---

### ローストベジブロス

●材料（作りやすい分量）
水…1ℓ
野菜のくず（皮や芯、ヘタなど）…150g

●作り方
1 耐熱皿に野菜のくずを広げ、170℃に温めたオーブンで15～20分焼く（写真A）。
2 鍋に1と水を入れて中弱火で15～20分煮出し（写真B）、ザルで濾す（清潔な瓶に入れ、冷蔵庫で3日間保存可能）。

POINT
・海鮮MODOKIを作るときに出た野菜の皮や芯、ヘタ、根っこなどを無駄なく使う。
・野菜のくずを焼くことで、野菜の旨みを凝縮させる。

# PICKLES

【 漬け物 】
SUSHI MODOKIに添えても、
そのまま食べても美味しいです。

紅白ガリ

たくあん

しば漬け

# 紅白ガリ

甘さ控えめなので、野菜のお寿司によく合います。

●材料（作りやすい分量）
紅
- 新しょうが…300g
- 赤梅酢…150ml
- りんご酢…大さじ2
- メープルシロップ（ライト）…大さじ2

白
- 新しょうが…300g
- りんご酢…180ml
- ゆず果汁…大さじ3
- メープルシロップ（ライト）…大さじ3
- 塩…大さじ1強

●作り方
1 紅白の新しょうがはともにスライサーで薄切りにする。
2 1をそれぞれの調味料とともに清潔な密閉容器に入れる。冷蔵庫で1日以上置くと食べ頃（冷蔵庫で1か月保存可能）。

**POINT**
・新しょうがはできるだけ薄く切ると、食感よく仕上がる。

## たくあん

ターメリックパウダーを使って、懐かしの色を出します。

● 材料（作りやすい分量）
大根…500g
玄米（生米）…大さじ1
A
- 水…100ml
- みりん…100ml
- てんさい糖…大さじ2弱
- 米酢…大さじ1
- 塩…小さじ2と1/2
- ターメリックパウダー
  …小さじ1/2
- 鷹の爪…1本

● 作り方
1 大根を好みの大きさに切る。
2 鍋にAを入れ、ひと煮立ちさせたら粗熱を取る。
3 フライパンを中火で熱し、玄米を揺すりながら炒る。パチッと弾け始めたら火を止める。
4 1～3を保存用ポリ袋に入れて空気を抜く。冷蔵庫で数日～1週間置くと食べ頃（冷蔵庫で1か月保存可能）。

POINT
・たくあんの噛み締めるような食感が欲しい場合は、大根を2日ほど天日干しにしてから漬けるとよい。
・巻き寿司に使う場合はスティック状に切ってから、そのまま食べる場合は薄切りにすると、早く漬かる。

---

## きゅうりのきゅーさん

ピリッと効いたしょうがが美味しい！

● 材料（使いやすい分量）
きゅうり…5本（500g）
しょうが…15g
塩…小さじ1
A
- 薄口しょうゆ…100ml
- てんさい糖…大さじ2強
- 鷹の爪…1本

● 作り方
1 きゅうりは5mm厚さの輪切りにする。塩をふって20分ほど置き、出てきた水分は捨てる。しょうがはせん切りにする。
2 鍋にAを入れて中火にかけ、てんさい糖が溶けたら1を加えて強火にする。鍋肌が軽く沸騰したら火を止め、粗熱を取る。
3 2を保存用ポリ袋に入れて空気を抜く。冷蔵庫でひと晩置くと食べ頃（冷蔵庫で1か月保存可能）。

## しば漬け

簡単に作れるオリジナルです。

● 材料（使いやすい分量）
なす…大3本（300g）
きゅうり…2本（200g）
みょうが…3個（50g）
赤梅酢…180ml
りんご酢…20ml
もみ赤じそ…50g

● 作り方
1 なすときゅうり、みょうがは縦半分に切ってから、3mm厚さの斜め切りにする。
2 すべての材料を保存用ポリ袋に入れて空気を抜く。冷蔵庫で1週間ほど置くと食べ頃（冷蔵庫で1か月保存可能）。

POINT
・好みでしょうがのせん切りを一緒に漬けても。

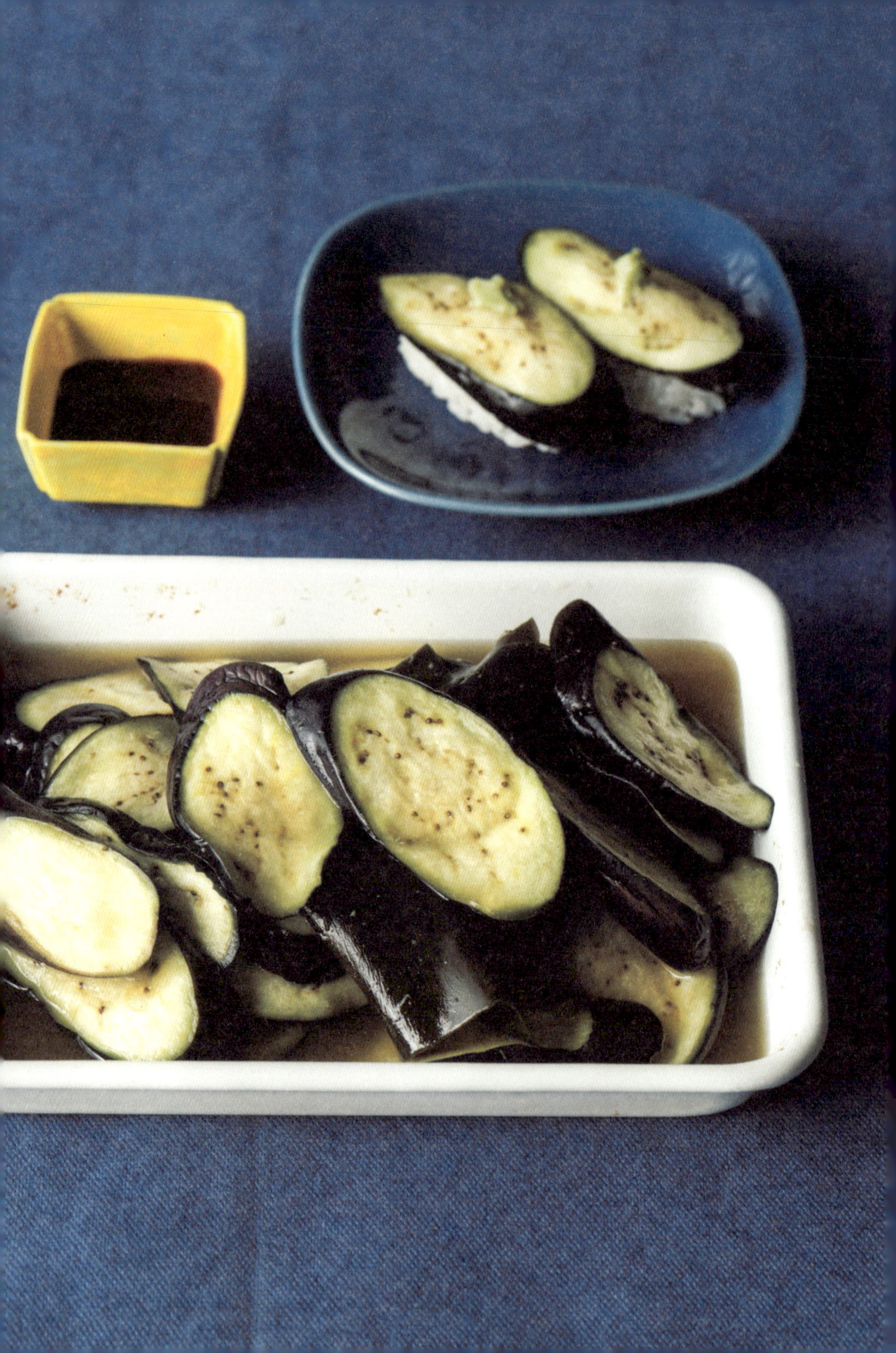

## 早漬けわさびなす

ツンとくるわさびの風味が美味しい。

●材料（作りやすい分量）
なす…大3本（300g）
昆布…3cm
みりん…大さじ1
塩…小さじ1
わさび…5g
重曹…適宜

●作り方
1 なすはヘタを取り、1.5cm厚さの斜め切りにする。
2 重曹以外の材料を保存用ポリ袋に入れてよくもみ、空気を抜く。冷蔵庫でひと晩置くと食べ頃。好みで重曹を小さじ1/3ほど加えると、皮の色がきれいに漬かる。

POINT
・早く漬かるように切ってから漬ける。
・握りのネタにするのもおすすめ。
・冷蔵庫で保存すれば1週間は美味しく食べられるが、だんだんと色が茶色に変色してくるので、食べる分だけを漬ける。

# BEVERAGES

【 飲み物 】

お口がさっぱりする
お寿司にぴったりのドリンクです。

## ジンジャーオレンジ緑茶

柑橘の香りと緑茶がよく合います。

●材料（2人分）
緑茶葉…大さじ2
しょうがスライス…4枚
夏みかんの皮（無農薬）…1/2個分
湯…400ml

●作り方
ティーポット、もしくは耐熱瓶にすべての材料を入れ、1分ほど置く。

**POINT**
・夏みかんの代わりに陳皮などを使ってもよい。

---

## グリーンスカッシュ

かき混ぜながらミントをつぶすと、爽やかさがアップします。

●材料（2人分）
炭酸水（無糖）…400ml
抹茶パウダー…小さじ2
パイナップル…50g
すだち…1個
フレッシュミント…適量

●作り方
1 抹茶パウダーはぬるま湯大さじ1（分量外）でよく溶いてグラスに入れる。
2 ひと口大に切ったパイナップル、輪切りにしたすだち、フレッシュミントを加えて炭酸水を注ぐ。

**POINT**
・抹茶パウダーは溶けにくいので、ぬるま湯で溶かしてから使う。

## 甘酒抹茶ラテ

氷を加えてミキサーにかけて
ひんやりスムージーにしても！

●材料（2人分）
甘酒…200ml（下記参照）
抹茶パウダー…小さじ1と1/2
水…200ml

●作り方
すべての材料をミキサーに入れ、滑らかになるまで混ぜる。

**POINT**
・市販の甘酒（無添加）を使ってもよい。

---

## 甘酒

●材料（4人分）
米麹（生）…200g
ご飯…200g
水…600ml

●作り方
1 鍋にご飯と水400mlを入れて弱火にかけ、おかゆを作る。
2 1と残りの水、米麹をよくほぐして炊飯器の内釜に入れる。
3 炊飯器にセットして保温モードにし、フタを開けたままで濡らしたさらし布やペーパータオルをかけ、5～7時間加熱する。味見をして甘くなっていたらでき上がり（清潔な密閉容器に入れ、冷蔵庫で5日間保存可能）。

## iina（イイナ）

澤晶以以奈。菜食料理家。幼少時より穀物菜食を嗜好する。2008年千葉県いすみ市にあるブラウンズフィールドに移住。有機農や保存食作りを経験しながら「ライステラスカフェ」のシェフとなる。2010年東京に拠点を移し、菜食料理家して活動開始。現在、料理教室「vivid cookery vegetarians」を主宰。斬新でカラフル、誰もが楽しめて美味しい、クリエイティヴなヴィーガンフードを日々生み出している。著書に『MODOKI菜食レシピ』（パルコ出版）、『野菜、スパイスで世界の菜食ごはん Vege & Spice』（グラフィック社）、がある。

http://iina-veganfoodcreator.tumblr.com

装幀　吉村 亮 + 眞柄花穂（Yoshi-des.）
撮影　加藤新作
編集　小池洋子（グラフィック社）

SPECIAL THANKS
片山みか野
塚越菜月

畑生まれのおもてなし寿司
# SUSHI MODOKI

2017年7月25日　初版第1刷発行

著者　　iina

発行者　長瀬 聡
発行所　株式会社グラフィック社
　　　　〒102-0073
　　　　東京都千代田区九段北1-14-17
　　　　tel.03-3263-4318（代表）　03-3263-4579（編集）
　　　　郵便振替　00130-6-114345
　　　　http://www.graphicsha.co.jp

印刷・製本　図書印刷株式会社

定価はカバーに表示してあります。
乱丁・落丁本は、小社業務部宛にお送りください。小社送料負担にてお取り替え致します。
著作権法上、本書掲載の写真・図・文の無断転載・借用・複製は禁じられています。
本書のコピー、スキャン、デジタル化等の無断複製は著作権法上の例外を除き禁じられています。
本書を代行業者等の第三者に依頼してスキャンやデジタル化することは、
たとえ個人や家庭内での利用であっても著作権法上認められておりません。

ISBN978-4-7661-3059-1
Printed in Japan